公務員試験

技術系

最新 過去問

令和 3～5 年度

工学に関する基礎（数学・物理）

資格試験研究会編
実務教育出版

JN058888

技術系 最新 過去問
工学に関する基礎
（数学・物理）

CONTENTS

◆本書には，令和 3 ～ 5 年度の過去問を収録しています。

◆本書に掲載した国家総合職，国家一般職［大卒］の問題は，人事院が公開したものです。

◆本書に掲載した地方上級の問題は，受験者から寄せられた情報をもとに独自に復元したものです。したがって，必ずしも実際の試験問題と同一であるとは限りません。

カバーデザイン／小谷野まさを

工学に関する基礎（数学・物理）の出題状況

「工学に関する基礎（数学・物理）」とは，技術系の公務員試験（専門試験）で幅広く出題されている科目である。

試験によって，科目の名称，出題数，出題される内容が異なっているので，それについて説明する。

●国家総合職

工学区分では，必須解答の20問が「工学に関する基礎［数学及び物理の基礎的な知識に基づく工学的手法の応用能力を問うもの等］」である（残り20問は専門的な分野を選択して解答する）。

工学に関する基礎 20問	専門的な分野 （31科目中4～6科目選択） 20問	解答数 40問

数理科学・物理・地球科学区分では，必須解答「基礎数学・情報数学」5問は「工学に関する基礎」と共通問題であることが多い。そのほかの選択問題の中でも6～12問が「工学に関する基礎」との共通問題となっている。

化学・生物・薬学区分では，例年，必須解答10問のうち1～3問が「基礎数学，基礎物理」に該当していて「工学に関する基礎」と共通問題である。また選択科目「数学・物理」6問のうち4～6問が「工学に関する基礎」との共通問題となっている。ただし，平成28年度には共通問題がなかった。

デジタル区分では，必須解答20問のうち「基礎数学」の9問が「工学に関する基礎」との共通問題となっている。

●国家一般職［大卒］

デジタル・電気・電子区分では，必須問題36問中20問が「工学に関する基礎」である。

工学に関する基礎 20問	情報・通信工学 （理論） 8問	電磁気学・電気回路・ 電気計測・制御・電気 機器・電力工学 8問	情報工学 （プログラ ミング） 4問	電子工学・ 電子回路 4問	解答数 40問

機械区分，**土木区分**では40問中20問が，**建築区分**では33問中20問が「工学に関する基礎」である。

工学に関する基礎 20問	各試験区分の専門分野 20問	解答数 40問

物理区分は例年，必須解答の30問のうち7～13問程度が「工学に関する基礎」と共通問題である。

化学区分では「数学，物理」が9問出題され，そのうちの6〜9問程度が「工学に関する基礎」と共通の問題である。また「物理化学」として出題されている問題の中にも「工学に関する基礎」との共通問題が含まれている場合もある。

　農業農村工学区分は40問中3問が「数学」である。「工学に関する基礎」と同様の分野から出題されているものの，問題自体は共通ではない。

●地方上級

　自治体，試験区分によってさまざまなパターンがある。

　土木，電気，機械，建築，設備などの試験区分では，「数学・物理」が40問中10問出題されるパターンが多い。

数学，物理	各試験区分の専門分野	解答数
10問	30問	40問

　化学では「数学・物理」が40問中7問，**農業土木**では「数学」が40問中3問出題されることが多い。

　専門試験の総出題数が40問より多い場合や，選択解答制が導入されていることもあるが，それらの場合でも「数学・物理」の出題数はあまり変化しない。

　なお，東京都や特別区の専門試験は記述式であるが，機械区分で物理，電気区分で数学が出題されている。

●労働基準監督B

「工学に関する基礎（工学系に共通な基礎としての数学，物理，化学）」が38問出題され，そのうち32問に解答する（残り8問は「労働事情」で必須解答）。化学の問題が含まれているところが他の試験とは異なる。化学の出題数は，例年8問程度である。

●市役所試験

　土木，電気，機械，建築，化学などの試験区分で「数学・物理」が出題される。自治体によって異なるが，30問中2〜8問程度である。

令和5年度
国家総合職

●出題内訳表

工学区分の No.	科目	出題内容	数理科学・物理・地球科学区分の No.	化学・生物・薬学区分の No.	デジタル区分の No.
1	数学	比例式		11	1
2		方程式	1	1	2
3		空間座標	2		3
4		極限	3	12	4
5		積分	38	13	5
6		確率	4		6
7		ネットワーク図			7
8		フローチャート	5		8
9		確率分布			9
10		行列式	6		
11	物理	非等速円運動		2	
12		モーメントのつりあい	71		
13		単振動	16		
14		運動量保存則, エネルギー保存則	67	14	
15		熱力学	17		
16		縦波のグラフ		15	
17		干渉	18		
18		フレミングの法則	77		53
19		過渡応答回路	19		55
20		直流回路		16	56

$\dfrac{x+y}{4} = \dfrac{y+z}{6} = \dfrac{z+x}{8} \neq 0$ のとき, $\dfrac{y^2 - z^2}{y^2 + xy + zx - z^2}$ はいくらか。

1　1

2　2

3　3

4　4

5　5

解説

$\dfrac{x+y}{4} = \dfrac{y+z}{6} = \dfrac{z+x}{8} = k \neq 0$ と置く。これを整理すると, 次の連立方程式となる。

$$\begin{cases} x + y = 4k \\ y + z = 6k \\ z + x = 8k \end{cases}$$

3つの式を辺ごと加えて2で割ると,

　　$x + y + z = 9k$

となる。ここから上の連立方程式に出てきた式を引き算すると, 順次 $z = 5k$, $x = 3k$, $y = k$ と求められる。これを求める式に代入して,

$$\dfrac{y^2 - z^2}{y^2 + xy + zx - z^2} = \dfrac{k^2 - 25k^2}{k^2 + 3k^2 + 15k^2 - 25k^2} = \dfrac{-24k^2}{-6k^2} = 4$$

正答　**4**

ポイント

　例年 No.1 は易しい問題が多いのですが, この年も「軽くウォーミングアップしてください」という問題でした。

　比を使った計算問題で, 比の値を文字で置くのが定石です。ただし, マーク式の試験なので, $x = 1$ などと代入して y, z を求める方法でも正答肢を見つけることはできます。

3 次方程式 $f(x) = x^3 - x^2 + 2ax^2 - 5ax + 3a = 0$ が 2 重解（3 つの解のうち 2 つのみが等しくなる解）を持つような，定数 a の取り得る値の総和はいくらか。

1　-2　　**2**　-1

3　0　　**4**　1

5　2

解説

$$f(1) = 1 - 1 + 2a - 5a + 3a = 0$$

なので，考えている 3 次方程式は $x = 1$ を解に持つ。したがって $f(x)$ は $x - 1$ を因数に持つ。因数分解をすると，

$$f(x) = x^2(x - 1) + a(x - 1)(2x - 3) = (x - 1)(x^2 + 2ax - 3a)$$

したがって，2 重解を持つ条件は，①方程式 $x^2 + 2ax - 3a = 0$ が $x = 1$ 以外の重解を持つ，②方程式 $x^2 + 2ax - 3a = 0$ が $x = 1$ を解で持つ，のいずれかである。

場合 1 : 方程式 $x^2 + 2ax - 3a = 0$ が $x = 1$ 以外の重解を持つ場合

判別式をとって，

$$\frac{D}{4} = a^2 + 3a = a(a + 3) = 0 \qquad \therefore \quad a = 0,\ 3$$

$a = 0$ のときは，この方程式は $x^2 = 0$ となるので，2 重解 $x = 0$ を持つ。$a = -3$ のときは，この方程式は $x^2 - 6x + 9 = (x - 3)^2 = 0$ となるので，2 重解 $x = 3$ を持つ。したがって，どちらも条件に合う。なお，$x = 1$ を 3 重解で持つことがないこともここからわかる。

場合 2 : 方程式 $x^2 + 2ax - 3a = 0$ が $x = 1$ を解で持つ場合

これが 3 重解にならないことは場合 1 で調べた。したがって，$x = 1$ を解に持てばよいので，これを代入して，

$$1 + 2a - 3a = 1 - a = 0 \qquad \therefore \quad a = 1$$

以上から，2 重解を持つのは，$a = 0,\ 1,\ -3$ なので，その和は -2 である。

正答　**1**

ポイント

　3 次方程式の解について調べる方法はいくつか考えられますが，この問題は，$x = 1$ を解に持つことに気づかないとどうしようもありません。その点でこの問題は難しかったのではないかと思います。

　同じタイプの問題としては，平成 19 年度国家 I 種（理工 I 区分）（現国家総合職）No.4 があります。また，解き方が異なりますが，方程式の解について考える問題は，平成 29 年度国家総合職（工学区分）No.4，平成 30 年度国家総合職（工学区分）No.4 にあります。

国家総合職

工学，数理科学・物理・地球科学，デジタル

数学 **空間座標** 令和 **5年度**

O を原点とする xyz 空間内に 3 点 A $(0, 0, 1)$，B $(3, 0, 0)$，C $(0, 4, 0)$ がある。点 A から辺 BC に下ろした垂線と BC との交点を H とし，$\angle AHO = \theta$ とするとき，$\tan\theta$ の値はいくらか。

1 $\dfrac{1}{4}$ **2** $\dfrac{1}{3}$ **3** $\dfrac{5}{12}$ **4** $\dfrac{1}{2}$ **5** $\dfrac{7}{12}$

 解説

解法1：三垂線の定理を使う

OA⊥(xy 平面 = BC を含む平面)，AH⊥BC が成立しているので，三垂線の定理より，OH⊥BC が成立する（下図。三垂線の定理についてはポイント参照）。

そこでこれを利用して OH の長さを △OBC の面積を使って求める。△OBC は直角三角形であり，その面積 S は，

$$S = \frac{1}{2} \times 3 \times 4 = 6$$

また，BC $= \sqrt{3^2 + 4^2} = 5$ であるので，OH $= h$ と置くと，

$$S = \frac{1}{2} \times 5 \times h = 6$$

$$\therefore \quad h = \frac{12}{5}$$

これより，求める $\tan\theta$ は，

$$\tan\theta = \frac{OA}{OH} = \frac{5}{12}$$

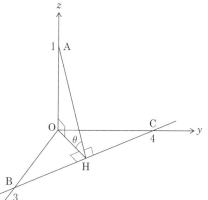

解法2：AH⊥BC を直接扱う

直線 BC の式は，

$$y = -\frac{4}{3}x + 4$$

で表されるので，BC 上の点である点 H は，（x 座標を t として）$\left(t, -\dfrac{4}{3}t + 4, 0\right)$ と表すことができる。

このとき，

$$\overrightarrow{AH} = \overrightarrow{OH} - \overrightarrow{OA} = \begin{pmatrix} t \\ -\dfrac{4}{3}t + 4 \\ -1 \end{pmatrix}$$

となる。また，

$$\overrightarrow{BC} = \begin{pmatrix} -3 \\ 4 \\ 0 \end{pmatrix}$$

$\overrightarrow{\mathrm{AH}} \perp \overrightarrow{\mathrm{BC}}$ なので，

$$\overrightarrow{\mathrm{AH}} \cdot \overrightarrow{\mathrm{BC}} = -3t + 4\left(-\frac{4}{3}t + 4\right) = -\frac{25}{3}t + 16 = 0$$

したがって $t = \dfrac{48}{25}$ となるので H の座標は $\left(\dfrac{48}{25},\ \dfrac{36}{25},\ 0\right)$ となる。これより OH $=$

$\sqrt{\left(\dfrac{48}{25}\right)^2 + \left(\dfrac{36}{25}\right)^2} = \sqrt{\left(\dfrac{12}{25}\right)^2(4^2 + 3^2)} = \dfrac{12}{5}$ となるので，解法 1 と同様にして $\tan\theta = \dfrac{5}{12}$ と

なる。

解法 3：AH の長さを求める

AH $= h$，BH $= x$ と置いて，$\triangle$ABH と $\triangle$ACH について三平方の定理を考える。AB $=$
$\sqrt{3^2 + 1^2} = \sqrt{10}$，AC $= \sqrt{4^2 + 1^2} = \sqrt{17}$，BC $= \sqrt{3^2 + 4^2} = 5$ であることに注意して，

$$h^2 = 10 - x^2 = 17 - (5-x)^2 = -8 + 10x - x^2$$

$$\therefore \quad x = \frac{9}{5}$$

これより $h = \sqrt{10 - x^2} = \dfrac{13}{5}$ となるの

で，$\sin\theta = \dfrac{\mathrm{AO}}{\mathrm{AH}} = \dfrac{5}{13}$

以上より，$\cos\theta = \sqrt{1 - \sin^2\theta} = \dfrac{12}{13}$，

$\tan\theta = \dfrac{5}{12}$

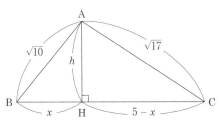

ポイント

　空間座標に関する問題ですが，さまざまな解法が考えられること，また，解法 3 にあるとおり，長さだけを考えても解けることから，正答できた受験生は少なくなかったと思われます。問われているものは $\tan\theta$ ですが，AH か OH が求まれば容易に計算できるので，この 2 つのどちらかの長さが目標となります。

　解法 1 の三垂線の定理を使った解法は，出題者が $\tan\theta$ を計算させていることと整合性があり，計算量も少ないため出題者が想定した解法ではないかと思われます。ここで三垂線の定理とは，本問の場合に，AO $\perp$ 平面 OBC，AH $\perp$ BC が成り立つときに，OH $\perp$ BC が成り立つとするものです。$\triangle$AOH を含む平面と BC が直交している（BC が平面の法線になっている）ことから証明できます。

もしわかりにくければ，図のように AO を平行移動して考えるとよいでしょう。

　この定理を使う機会が少ないため，なかなか思いつかなかったのではないかと思います。

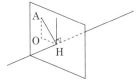

$\displaystyle\lim_{x \to 4}\frac{\sqrt{3x+4}-4}{\sqrt{x}-2}$ はいくらか。

1 $\dfrac{6}{5}$

2 $\dfrac{13}{10}$

3 $\dfrac{7}{5}$

4 $\dfrac{3}{2}$

5 $\dfrac{8}{5}$

解 説

解法1：ロピタルの定理を使う

$$(\sqrt{x}-2)' = (x^{\frac{1}{2}}-2)' = \frac{1}{2}x^{-\frac{1}{2}} = \frac{1}{2\sqrt{x}}$$

$$(\sqrt{3x+4}-4)' = \{(3x+4)^{\frac{1}{2}}-4\}' = \frac{3}{2}(3x+4)^{-\frac{1}{2}} = \frac{3}{2\sqrt{3x+4}}$$

となるので，ロピタルの定理から，

$$\lim_{x \to 4}\frac{\sqrt{3x+4}-4}{\sqrt{x}-2} = \lim_{x \to 4}\frac{3\sqrt{x}}{\sqrt{3x+4}}$$

$$= \frac{3 \times 2}{4} = \frac{3}{2}$$

解法 2：分母，分子の有理化をする

与えられた式を次のように変形する。

$$\frac{\sqrt{3x+4}-4}{\sqrt{x}-2} = \frac{(\sqrt{3x+4}-4)(\sqrt{3x+4}+4)(\sqrt{x}+2)}{(\sqrt{x}-2)(\sqrt{x}+2)(\sqrt{3x+4}+4)}$$

$$= \frac{(3x+4-16)(\sqrt{x}+2)}{(x-4)(\sqrt{3x+4}+4)}$$

$$= \frac{3(x-4)(\sqrt{x}+2)}{(x-4)(\sqrt{3x+4}+4)}$$

$$= \frac{3(\sqrt{x}+2)}{\sqrt{3x+4}+4}$$

したがって，

$$\lim_{x \to 4} \frac{\sqrt{3x+4}-4}{\sqrt{x}-2} = \lim_{x \to 4} \frac{3(\sqrt{x}+2)}{\sqrt{3x+4}+4}$$

$$= \frac{3(\sqrt{4}+2)}{\sqrt{3 \cdot 4 + 4} + 4} = \frac{3}{2}$$

正答 **4**

ポイント

ロピタルの定理を使った問題は国家総合職では頻出です。直近では令和 2 年度国家総合職（工学区分）No.4 で出題されました。本問同様の無理関数の極限についても，平成 24 年度国家総合職（工学区分）No.4 で出題されています。また，労働基準監督 B や国家一般職［大卒］にも出題され，このうち平成 25 年度の労働基準監督 B の問題が『公務員試験　技術系　新スーパー過去問ゼミ　工学に関する基礎（数学・物理）』（実務教育出版）p.72 に掲載されています。いずれにしても，公務員試験では頻出で，用意しておくべき問題といえます。

なお，ここでいうロピタルの定理とは，$f(a) = g(a) = 0$ の場合に，

$$\lim_{x \to a} \frac{f(x)}{g(x)} = \lim_{x \to a} \frac{f'(x)}{g'(x)}$$

が成立するというものです。代入して $\frac{0}{0}$ となるタイプの極限の問題では定石の手段になります。このほか，大学ではテーラー展開を利用した解法を学んだ受験生もいたかもしれません。

また，別解として有理化を利用した方法も取り上げました。これは高校で教わる方法です。無理関数の問題では有効ですが，計算量が多いこと，他の関数では利用できないことから，ロピタルの定理を用意するのが無難でしょう。

図のように，曲線 $y = \cos x \left(0 \leqq x \leqq \dfrac{\pi}{2} \right)$，$x$軸，$y$軸で囲まれた図形の面積を，曲線 $y = a \sin x \, (a > 0)$ が2等分するとき，定数 a の値はいくらか。

なお，$\tan^2 \theta + 1 = \dfrac{1}{\cos^2 \theta}$ が成り立つことを用いてよい。

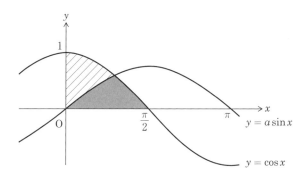

1 $\dfrac{1}{2}$

2 $\dfrac{2}{3}$

3 $\dfrac{3}{4}$

4 $\dfrac{4}{5}$

5 1

$y = \cos x$ と $y = a \sin x$ の交点を $x = \theta$ と置く。このとき,

$\quad \cos\theta = a\sin\theta$ ……①

次に, まずは 2 等分される全体について面積を求めると,

$$\int_0^{\frac{\pi}{2}} \cos x \, dx = [\sin x]_0^{\frac{\pi}{2}} = 1$$

したがって, 2 等分される条件は, $y = a\sin x$ の上側の面積を考えて,

$$\int_0^{\theta} (\cos x - a\sin x)\,dx = [\sin x + a\cos x]_0^{\theta} = \sin\theta + a\cos\theta - a = \frac{1}{2}$$

$$\therefore \quad \sin\theta + a\cos\theta = \frac{2a+1}{2} \quad ……②$$

ここで①を②に代入すると,

$$\sin\theta + a^2\sin\theta = (1+a^2)\sin\theta = \frac{2a+1}{2}$$

$$\therefore \quad \sin\theta = \frac{2a+1}{2(1+a^2)}, \quad \cos\theta = a\sin\theta = \frac{a(2a+1)}{2(1+a^2)}$$

これを $\sin^2\theta + \cos^2\theta = 1$ に代入すると,

$$\frac{(1+a^2)(2a+1)^2}{4(1+a^2)^2} = \frac{(2a+1)^2}{4(1+a^2)} = 1$$

$$\therefore \quad (2a+1)^2 = 4a^2 + 4a + 1 = 4(1+a^2) = 4 + 4a^2$$

これを解いて $a = \dfrac{3}{4}$ となる。

正答 **3**

ポイント

　面積の計算まではほぼ一本道といえますが, その後の式変形で困った受験生も少なくなかったでしょう。積分するときに, 交点の x 座標を文字で置いたか, 交点であることの関係式 $(\cos\theta = a\sin\theta)$ を忘れなかったか, というところがポイントになります。

　なお, 解説では設問中で与えられた式を使っていません。これを使う場合, 交点の方程式 $(\cos\theta = a\sin\theta)$ から $\tan\theta = \dfrac{1}{a}$ がわかるため, これを与えられたヒントに代入して整理して,

$$\cos\theta = \frac{a}{\sqrt{1+a^2}}, \quad \sin\theta = \frac{1}{\sqrt{1+a^2}}$$

が求められます。これを②に代入すれば答えを求めることができます。

図のように，正方形ABCDとその頂点から頂点へと移る動点P，Qがあり，最初はそれぞれ頂点A，Cにある。毎回，大小2つのサイコロを同時に投げて，Pは，大きいサイコロの出た目が偶数のときは，矢印の向きに隣の頂点へ移動させるものとし，奇数のときは移動させないものとする。また，Qは，小さいサイコロの出た目が偶数のときは，矢印の向きに隣の頂点へ移動させるものとし，奇数のときは移動させないものとする。ただし，大小2つのサイコロの出た目がともに偶数のときは，P，Qは同時に移動させるものとする。

このサイコロ投げを3回繰り返したとき，各回のサイコロ投げによる移動後のPとQのいる位置が一度も同じにならない確率はいくらか。

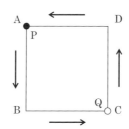

1 $\frac{1}{2}$

2 $\frac{9}{16}$

3 $\frac{5}{8}$

4 $\frac{11}{16}$

5 $\frac{3}{4}$

解 説

解法 1：相対的な動き（差）を考える

 P と Q の差を考えると，「どちらも動く」ことと「どちらも動かない」ことは，2 点の差が変わらないので，同じと考えてよい（以下，合わせて「差が変わらない」とする）。

すると，1 回サイコロ投げをする場合の結果は，「P のみ動く（確率 $\frac{1}{4}$）」「Q のみ動く（確率 $\frac{1}{4}$）」「差が変わらない（確率 $\frac{1}{2}$）」の 3 通りである。

 これを 3 回繰り返すので，全部の場合は $3^3 = 27$〔通り〕である。これを全部調べる。ただし，2 回繰り返して，P と Q が対角線の位置にいる（最初と差が変わらない）場合には，最後の 3 回目で同じ位置に来ることはないのでその先を調べていない。

 結果として，同じ位置に来ることがない場合のみを樹形図にすると次のようになる。なお，同じ確率になるものに同じアルファベットを充てて，4 つの場合に分けてそれぞれ確率を計算すると，

 （A）の場合（2 通り）の確率

 $$\frac{1}{4} \times \frac{1}{4} = \frac{1}{16}$$

 （B）の場合（2 通り）の確率

 $$\frac{1}{4} \times \frac{1}{2} \times \frac{3}{4} = \frac{3}{32}$$

 （C）の場合（2 通り）の確率

 $$\frac{1}{2} \times \frac{1}{4} \times \frac{3}{4} = \frac{3}{32}$$

 （D）の場合の確率

 $$\frac{1}{2} \times \frac{1}{2} = \frac{1}{4}$$

これらを合計して

 $$\frac{1}{16} \times 2 + \frac{3}{32} \times 2 + \frac{3}{32} \times 2 + \frac{1}{4} = \frac{3}{4}$$

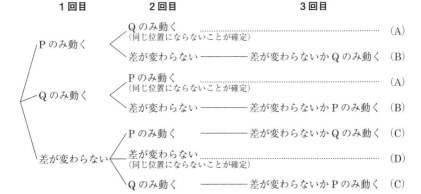

1回目	2回目	3回目	
Pのみ動く	Qのみ動く（同じ位置にならないことが確定）	⋯⋯⋯⋯⋯⋯⋯⋯⋯⋯⋯⋯⋯	(A)
	差が変わらない	差が変わらないかQのみ動く	(B)
Qのみ動く	Pのみ動く（同じ位置にならないことが確定）	⋯⋯⋯⋯⋯⋯⋯⋯⋯⋯⋯⋯⋯	(A)
	差が変わらない	差が変わらないかPのみ動く	(B)
差が変わらない	Pのみ動く	差が変わらないかQのみ動く	(C)
	差が変わらない（同じ位置にならないことが確定）	⋯⋯⋯⋯⋯⋯⋯⋯⋯⋯⋯⋯⋯	(D)
	Qのみ動く	差が変わらないかPのみ動く	(C)

解法2：連立漸化式を立てる

PとQの相対的な位置関係は「対角線の位置にいる」「隣り合っている」「同じ位置にいる」のいずれかである。そして，n 回目のサイコロ投げの後に「同じ位置にいたことがなく，かつ，対角線の位置にいる」確率を a_n，「同じ位置にいたことがなく，かつ，隣り合っている」確率を b_n，「n 回目までに，1回以上同じ位置にいたことがある」確率を c_n とする。

この場合の状態遷移図は次図のようになる（たとえば，「対角線の位置にいる」ときにサイコロ投げをすると，ともに動くか動かないなら「対角線の位置にいる」ままであり，片方だけが動くなら「隣り合っている」状態に移る）。これをもとに連立漸化式を立てると，次のようになる。

$$\begin{cases} a_{n+1} = \dfrac{1}{2}a_n + \dfrac{1}{4}b_n \\[2mm] b_{n+1} = \dfrac{1}{2}a_n + \dfrac{1}{2}b_n \\[2mm] c_{n+1} = \dfrac{1}{4}b_n + c_n \end{cases}$$

ここで，a_{n+1}，b_{n+1} の計算には c_n は関係ないので，a_n，b_n の部分だけを行列にまとめると次のようになる。

$$\begin{pmatrix} a_{n+1} \\ b_{n+1} \end{pmatrix} = \begin{pmatrix} \dfrac{1}{2} & \dfrac{1}{4} \\[2mm] \dfrac{1}{2} & \dfrac{1}{2} \end{pmatrix} \begin{pmatrix} a_n \\ b_n \end{pmatrix}$$

ここでサイコロ投げをする前は，$a_0 = 1$, $b_0 = 0$ なので，これを代入して順次計算すると，

$$\begin{pmatrix} a_1 \\ b_1 \end{pmatrix} = \begin{pmatrix} \dfrac{1}{2} & \dfrac{1}{4} \\[2mm] \dfrac{1}{2} & \dfrac{1}{2} \end{pmatrix} \begin{pmatrix} 1 \\ 0 \end{pmatrix} = \begin{pmatrix} \dfrac{1}{2} \\[2mm] \dfrac{1}{2} \end{pmatrix}, \quad \begin{pmatrix} a_2 \\ b_2 \end{pmatrix} = \begin{pmatrix} \dfrac{1}{2} & \dfrac{1}{4} \\[2mm] \dfrac{1}{2} & \dfrac{1}{2} \end{pmatrix} \begin{pmatrix} \dfrac{1}{2} \\[2mm] \dfrac{1}{2} \end{pmatrix} = \begin{pmatrix} \dfrac{3}{8} \\[2mm] \dfrac{1}{2} \end{pmatrix}$$

よって，

$$\begin{pmatrix} a_3 \\ b_3 \end{pmatrix} = \begin{pmatrix} \dfrac{1}{2} & \dfrac{1}{4} \\[2mm] \dfrac{1}{2} & \dfrac{1}{2} \end{pmatrix} \begin{pmatrix} \dfrac{3}{8} \\[2mm] \dfrac{1}{2} \end{pmatrix} = \begin{pmatrix} \dfrac{5}{16} \\[2mm] \dfrac{7}{16} \end{pmatrix}$$

したがって，サイコロ投げを3回しても1回も同じ位置にならない確率は

$$a_3 + b_3 = \frac{5}{16} + \frac{7}{16} = \frac{3}{4}$$

正答 5

ポイント

　状態遷移図（マルコフ過程）に関する問題は，国家総合職ではよく出題されています。本問も過去の傾向に沿った出題といえます。

　この問題の最大のポイントは，すべての場合を書き出すことができるということです。サイコロを投げるといっても偶数，奇数だけが問題なので，全部で6回投げて $2^6 = 64$ 〔通り〕調べれば答えは出てきます。解法1では，場合を減らすために結果に注目して，3通りの結果しか起きないとすることで $3^3 = 27$ 〔通り〕に減らし，さらに考えている結果に直結するものだけを調べています。解法2ではさらにPとQの対称性も利用しています。

ある工事が完了するためには，10個の作業A～Jを行う必要があり，それぞれの作業の先行作業および作業日数は表のとおりである。このとき，作業Iの余裕日数として最も妥当なのはどれか。

ただし，ある作業の先行作業とは，その作業を始めるに当たって事前に終えていなければならない作業である。また，ある作業の余裕日数とは，工事が最短で完了する日数に影響を与えることなく，その作業を遅らせることが可能な最大の日数である。

作業	先行作業	作業日数
A	なし	10
B	なし	5
C	A	5
D	A	2
E	B, D	10
F	B, D	15
G	B, D	5
H	C, E	3
I	G	8
J	F, H, I	10

1 1日　**2** 2日
3 3日　**4** 4日
5 5日

　与えられた表をもとにネットワーク図をかくと次のようになる。ここでネットワーク図とは，作業を矢印で表し，その起終点を結合点で結んだものである。この際，先行作業となっている作業が向かう結合点から，続行作業が出るようになっている。

　このネットワーク図を使って，まず，「最早結合点時刻」を計算する。これは，スタート地点である結合点0から，順次，ある結合点について，前の最早結合点時刻と作業日数の和を計算し，その中で最大となるものを，その結合点の最早結合点時刻とするものである。意味としては，「その結合点を最短で出発できる日数」である。

　たとえば，結合点4には，作業F，H，Iが集まっているが，作業Fは結合点2を12日に出て15日かけて27日に最短で結合点4に到達できる。同様にHは$22 + 3 = 25$〔日〕，Iは$17 + 8 = 25$〔日〕で到達できるが，結合点4の最早結合点時刻は，この中で最大である27日となる。

　以上をすべての結合点に対して行ったものを図に示している。

　なお，最後の結合点6の最早結合点時刻の37日が，全体の最短日数となる。

　次に，結合点6から0に向かって最遅結合点時刻を計算する。これは，最早結合点時刻

とは逆に，その結合点から出る作業について，作業の終点の結合点時刻から作業日数を引き算した日数をすべて計算し，その中で最も小さい日数を結合点時刻とするものである。たとえば，結合点 2 からは作業 E，F，G が出ていくが，作業 E の終点の結合点 3 の最遅結合点時刻の 24 日から E の作業日数である 10 日を引くと 14 日，同様に F は 27 − 15 = 12〔日〕，G は 19 − 5 = 14〔日〕となり，最も小さい 12 日が結合点 2 の最遅結合点時刻となる。これは，最短日数である 37 日で終えるために，少なくとも到達していなければいけない日数を表している。これをすべて計算した結果を図に示している。

　以上で計算された最早結合点時刻と最遅結合点時刻の差がその結合点の余裕日数である。

　作業 I については，出発点である結合点 5 の余裕日数が 2 日であり，これが作業 I の余裕日数となる。

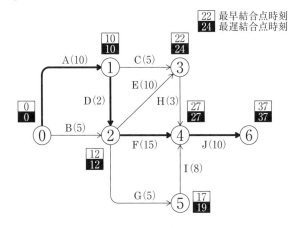

正答 2

配列要素 $A[1]$, $A[2]$, $\cdots$, $A[5]$ からなる配列 A が定義されている。図は各配列要素に素数を1つずつ格納するフローチャートである。

　このフローチャートでは，最小の素数である2を $A[1]$ に格納し，2より大きい奇数を昇順に，その奇数をすでに A の配列要素に格納されているすべての素数で割り切れるか判定する。そして，割り切れるものがなければ素数とし，A の配列要素に格納していく。

　このとき，㋐の判断が実行される回数はいくらか。

1　10回
2　11回
3　12回
4　13回
5　14回

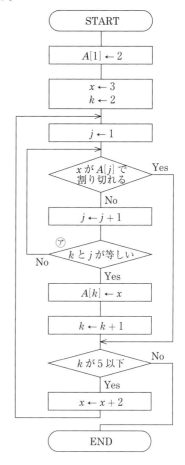

解説

解法1：原理を考える

　このフローチャートは，素数を2から順にそこまでで見つかった素数で割ることで，素数かどうかを判定している。問題の㋐は割り切れない場合に必ず通るところなので，割り切れなかった回数を表している。

　調べる数は3以上の奇数なので，㋐が実行されるのは，次の場合である。

　3を調べる場合に，2で割る（1回）。3は $A[2]$ になる。

　5を調べる場合に，2，3で割る（2回）。5は $A[3]$ になる。

　7を調べる場合に，2，3，5で割る（3回）。7は $A[4]$ になる。

　9を調べる場合に，2で割る（1回）。3で割ると割り切れるため㋐は通らない。

　11を調べる場合に，2，3，5，7で割る（4回）。11は $A[5]$ になる。

　これで処理は終わりとなり，ここまでで合計 $1+2+3+1+4=11$〔回〕㋐を通っている。

解法2：実際に調べる

　フローチャートを実行すると次のようになる。

x	3		5			7				9		11				
k	2	3			4				5							6
j	1	2	1	2	3	1	2	3	4	1	2	1	2	3	4	5
$A[1]$	2															
$A[2]$		3														
$A[3]$					5											
$A[4]$									7							
$A[5]$																11
㋐	○		○	○		○	○	○		○		○	○	○	○	

　よって，㋐の実行回数は11回である。

正答　**2**

ポイント

　フローチャートの問題で，実行すれば正解が求まりますが，選択肢が連続していて1つの計算ミスだけでも誤りになったためか，正答できた受験生は多くなかったようです。

　設問中に原理が書かれているため，そこから答えを導くことができますが，その場合には，このフローチャートの効率があまりよくないことにも注意が必要です。たとえば，割る必要のない $A[1]=2$ で毎回割り算していますし，n が素数かどうかを調べるためには $\sqrt{n}$ までの数で割り算すれば十分ですが，そのような工夫もしていません。それをフローチャートから読み取る必要があります。

　実行する場合には，とにかく慎重に計算することです。

確率変数 X の確率密度関数 $f(x)$ が

$$f(x) = \begin{cases} \dfrac{1}{4}(2 - |x|) & (-2 \le x \le 2) \\ 0 & (x < -2,\ 2 < x) \end{cases}$$

と表されるとき，$|X|$ が α 以上の値をとる確率 $P(|X| \ge \alpha)$ が

$$P(|X| \ge \alpha) = \frac{1}{16}$$

となる定数 α の値はいくらか。

　ただし，$\alpha \ge 0$ とする。

1 $\dfrac{1}{2}$

2 $\dfrac{3}{4}$

3 1

4 $\dfrac{5}{4}$

5 $\dfrac{3}{2}$

解説

　確率密度関数を積分すると，確率変数が積分区間内に入る確率を求めることができる。したがって，求める確率は，図の斜線の面積である。グラフが y 軸対称であることに注意して，

$$2 \times \frac{1}{2} \times (2-\alpha) \times \frac{1}{4}(2-\alpha) = \frac{1}{16}$$

$$\therefore \quad \alpha = \frac{3}{2}$$

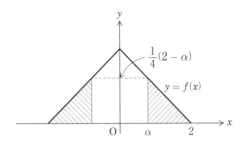

正答 **5**

ポイント

　連続型確率分布の基本問題で，面積が確率であることを理解していれば正答できます。連続型確率分布の問題は近年出題が多く，令和3年度国家総合職（工学区分）No.9，平成27年度国家総合職（工学区分）No.9（『公務員試験　技術系　新スーパー過去問ゼミ　工学に関する基礎（数学・物理）』〈実務教育出版〉p.148に掲載）にも類題が出題されています。過去問の重要性がわかる問題といえるでしょう。

次の行列のうち，逆行列を持つもののみをすべて挙げているのはどれか。

$$A = \begin{pmatrix} 1 & 2 & 3 \\ 4 & 5 & 6 \\ 7 & 8 & 9 \end{pmatrix}, \quad B = \begin{pmatrix} 1 & 6 & 7 \\ 2 & 5 & 8 \\ 3 & 4 & 9 \end{pmatrix}, \quad C = \begin{pmatrix} 1 & 2 & 3 \\ 8 & 9 & 4 \\ 7 & 6 & 5 \end{pmatrix}$$

1 A

2 A, C

3 B

4 B, C

5 C

解 説

逆行列を持たないのは，逆行列の分母にくる行列式が0のときである。サラスの方法を使って行列式を計算すると，

$|A| = 45 + 84 + 96 - (105 + 72 + 48) = 225 - 225 = 0$

$|B| = 45 + 144 + 56 - (105 + 108 + 32) = 245 - 245 = 0$

$|C| = 45 + 56 + 144 - (189 + 80 + 24) = 245 - 293 = -48 \neq 0$

正答 **5**

ポイント

「行列式を3つ計算せよ」という問題です。行列式の計算問題は前年の令和4年度国家総合職（工学区分）No.7で出題されており，3つ計算させる問題も令和元年度国家総合職（工学区分）No.7で出題されています（『公務員試験　技術系　新スーパー過去問ゼミ　工学に関する基礎（数学・物理）』〈実務教育出版〉p.50に掲載）。

サラスの方法とは，下図のように行列式の左2列を右に写し，斜めに実線矢印のように3つ掛け算して和をとり，逆に破線矢印のように3つ掛け算して引いて計算するというものです。

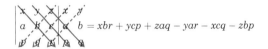

$$\begin{vmatrix} x & y & z \\ a & b & c \\ p & q & r \end{vmatrix} \begin{matrix} x & y \\ a & b \\ p & q \end{matrix} = xbr + ycp + zaq - yar - xcq - zbp$$

図のように，水平面と角 $\theta\left(0<\theta<\dfrac{\pi}{2}\right)$ をなす滑らかな斜面があり，小球 P が一端に付いた長さ r の糸の他端を斜面上の点 O に取り付けた。斜面上で P に円運動をさせたとき，糸がたるまないための最高点における P の速さ v の最小値として最も妥当なのはどれか。

　　ただし，重力加速度の大きさを g とする。

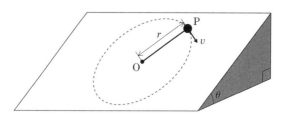

1　$\dfrac{\sqrt{2gr\sin\theta}}{2}$

2　$\sqrt{gr\sin\theta}$

3　$\sqrt{2gr\sin\theta}$

4　$\sqrt{gr}\sin\theta$

5　$\sqrt{2gr}\sin\theta$

最高点 P において，遠心力を含めた半径方向の力のつりあいを考える。糸の張力を T とすると，

$$m\frac{v^2}{r} = T + mg\sin\theta$$

糸がたるまないためには $T \geqq 0$ なので，

$$T = m\frac{v^2}{r} - mg\sin\theta \geqq 0$$

$$\therefore \quad v \geqq \sqrt{gr\sin\theta}$$

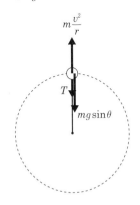

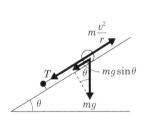

正答 **2**

ポイント

　小球は速度を変えながら円上を運動しています。つまり，いわゆる非等速円運動をしています。非等速円運動の問題は，試験種別を問わず非常によく出題されているので必ず対策しておきたいところです。国家総合職では，令和 2 年度国家総合職（工学区分）No.11 で出題されています（『公務員試験　技術系　新スーパー過去問ゼミ　工学に関する基礎（数学・物理）』〈実務教育出版〉p.280 に掲載）。

　非等速円運動では①エネルギー保存則，②遠心力を加えた半径方向の力のつりあい，の 2 つが成立します。本問では②のみで問題を解くことができます。

図のように，長さ L の一様な細い棒の一端を鉛直の粗い壁につけ，壁から距離 $\dfrac{L}{8}$ だけ離

れた滑らかな水平くぎに棒を立て掛けて静止させた。棒と壁のなす角が30°であるとき，棒と壁の間の静止摩擦係数の最小値として最も妥当なのはどれか。

ただし，くぎの太さは無視できるものとする。

1 $\dfrac{\sqrt{3}}{6}$

2 $\dfrac{\sqrt{3}}{4}$

3 $\dfrac{\sqrt{3}}{3}$

4 $\dfrac{2\sqrt{3}}{3}$

5 $\sqrt{3}$

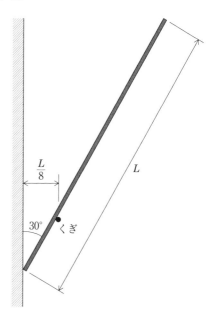

解説

棒の質量を m，棒が壁から受ける垂直抗力を N，求める静止摩擦係数を μ，棒が釘から受ける垂直抗力を N' とする。力を図示すると図1のようになる。まず，棒と壁との接点を中心としたモーメントのつりあいを立てる（うでの長さは $1:2:\sqrt{3}$ の直角三角形に注意する）。

$$N' \times \frac{L}{4} = mg \times \frac{L}{4}$$

$$\therefore \quad N' = mg$$

図2を参考に水平方向の力のつりあいより,

$$N = \frac{\sqrt{3}}{2}N' = \frac{\sqrt{3}}{2}mg$$

鉛直方向の力のつりあいより,

$$f + \frac{N'}{2} = mg \quad \therefore \quad f = mg - \frac{N'}{2} = \frac{mg}{2}$$

したがって,$f \leqq \mu N$ より,

$$f = \frac{mg}{2} \leqq -\mu \times \frac{\sqrt{3}}{2}mg \quad \therefore \quad \mu \geqq \frac{1}{\sqrt{3}} = \frac{\sqrt{3}}{3}$$

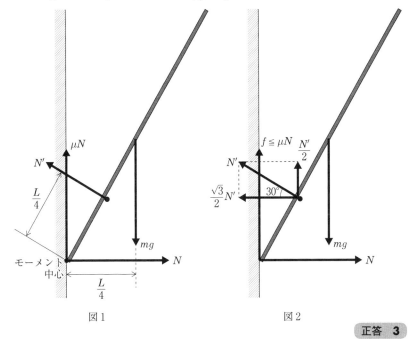

図1　　　　　　　　　　図2

正答　**3**

図のように，粗い水平な床面上にある質量 m の小物体Aに，ばね定数 k の軽いばねの一端を取り付け，ばねが床面と平行となるように，ばねの他端を壁に固定した。水平右向きに x 軸の正の向きをとり，ばねが自然長のときのAの位置を原点 $x = 0$ とする。また，Aと床の間の動摩擦係数を μ'，重力加速度の大きさを g とする。

Aを $x = 4L$ まで引っ張り，時刻 $t = 0$ で静かに放したところ，Aは x 軸の負の向きに動き始め，その後減速し，$t = t_1$ のときに $x = -3L$ において速さが0（ゼロ）となった。このとき，μ' と t_1 の組合せとして最も妥当なのはどれか。

なお，$t = 0$ から $t = t_1$ に至るまでの運動を単振動とみなせることを用いてよい。

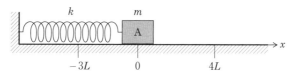

$$\begin{array}{ccc} & \mu' & t_1 \\[4pt] \mathbf{1} & \dfrac{kL}{2mg} & \dfrac{\pi}{2}\sqrt{\dfrac{m}{k}} \\[10pt] \mathbf{2} & \dfrac{kL}{2mg} & \pi\sqrt{\dfrac{m}{k}} \\[10pt] \mathbf{3} & \dfrac{kL}{2mg} & \dfrac{3\pi}{2}\sqrt{\dfrac{m}{k}} \\[10pt] \mathbf{4} & \dfrac{kL}{mg} & \pi\sqrt{\dfrac{m}{k}} \\[10pt] \mathbf{5} & \dfrac{kL}{mg} & \dfrac{3\pi}{2}\sqrt{\dfrac{m}{k}} \end{array}$$

解説

解法1：運動方程式から考える

Aが床から受ける垂直抗力が mg なので，動摩擦力は $\mu'mg$ である。したがって，運動方程式は，加速度を a として，

$$ma = -kx + \mu'mg = -k\left(x - \frac{\mu'mg}{k}\right) \qquad \therefore \quad a = -\frac{k}{m}\left(x - \frac{\mu'mg}{k}\right)$$

これは，$x = \dfrac{\mu'mg}{k}$ を中心として角振動数 $\omega = \sqrt{\dfrac{k}{m}}$ の単振動をすることを意味する。したがって，Aはこの中心位置から見て対称的に運動する。ところで，与えられた条件から，振動の中心は速度が0となる位置の中点でもあるので $x = \dfrac{4L + (-3L)}{2} = \dfrac{L}{2}$ になるはずである。

したがって,

$$\frac{L}{2} = \frac{\mu' mg}{k} \quad \therefore \quad \mu' = \frac{kL}{2mg}$$

また,求める時間は半周期なので,

$$t_1 = \frac{1}{2} \times \frac{2\pi}{\omega} = \pi\sqrt{\frac{m}{k}}$$

解法2:μ'についてエネルギー保存を考える(t_1は解法1)

Aは摩擦力$\mu' mg$を受けて,距離$7L$だけ移動しているので,仕事$7\mu' mgL$を摩擦力から受けている。

したがって,力学的エネルギー保存の法則より,

$$\frac{1}{2}k(4L)^2 - 7\mu' mgL = \frac{1}{2}k(3L)^2 \quad \therefore \quad \mu' = \frac{1}{7mgL} \times \left(\frac{16}{2}kL^2 - \frac{9}{2}kL^2\right) = \frac{kL}{2mg}$$

正答 **2**

ポイント

摩擦のある地面上でのばね振り子の問題は,平成18年度国家I種(理工I区分)(現国家総合職) No.11 で出題されています。本問はその問題ほど本格的な内容ではありませんが,どのような運動をするのかを知っていると見通しがよいでしょう。

摩擦の有無で変わるのは振動の中心位置です。本問では右から左に動く場合には $x = \frac{L}{2}$ を中心に振動します。しかし,周期については摩擦の有無で違いがありません。

なお,逆に左から右に動くときには,摩擦の方向が逆となるため,$x = -\frac{L}{2}$ が振動中心となります。そのため振幅が小さくなり,やがて静止します。どこで静止するのかは静止摩擦係数の値で変わるのですが,静止摩擦係数が小さいとしてその様子をグラフにしたのが下の図です。

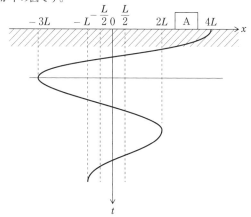

図のように，質量 $2m$，高さ H で，上面が滑らかな曲面である台が，斜面と水平面からなる滑らかな床の水平面の上に置かれている。水平面の左側には斜面があり，斜面，水平面および台の曲面は滑らかにつながっている。

　水平面からの高さが h（$h < H$）の斜面上において，質量 m の小球を静かに放した。すると，小球が台の曲面上で最高点に達し，このとき，台は右方向へ運動していた。水平面から小球が達した最高点までの高さとして最も妥当なのはどれか。

1 $\dfrac{1}{4}h$

2 $\dfrac{1}{3}h$

3 $\dfrac{1}{2}h$

4 $\dfrac{2}{3}h$

5 $\dfrac{3}{4}h$

水平面における小球の速さを v とすると，エネルギー保存則より，

$$mgh = \frac{1}{2}mv^2$$

$$\therefore \quad v = \sqrt{2gh}$$

次に，水平面と小球が最高点に達したときを考える。最高点では，小球と台の速さは等しいのでこれを V と置く。運動量保存則より，

$$mv = mV + 2mV$$

$$\therefore \quad V = \frac{v}{3}$$

小球が到達する最高点の高さを h' とすると，エネルギー保存則より，

$$\frac{1}{2}mv^2 = \frac{1}{2}mV^2 + \frac{1}{2} \cdot 2mV^2 + mgh'$$

$$\therefore \quad h' = \frac{1}{mg}\left(\frac{1}{2}mv^2 - \frac{3}{2}mV^2\right) = \frac{v^2}{3g} = \frac{(\sqrt{2gh})^2}{3g} = \frac{2}{3}h$$

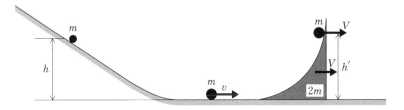

正答 **4**

ポイント

　運動量保存則とエネルギー保存則の両方が成立する問題は，近年の国家総合職では頻出で，たとえば前年の令和 4 年度国家総合職（工学区分）No.10 で出題されています。

　最高点で台と小球が同じ速度になる理由ですが，小球の水平方向速度の方向のほうが大きければ，小球はより高く上るはずですし，小球のほうが遅いのであれば，小球は降りていく途中のはずだと考えるとよいでしょう。これについても何度か出題があります（たとえば平成 21 年度国家 I 種〈理工 I 区分〉〈現国家総合職〉No.12 など）。

物理　熱力学　令和5年度

熱力学に関する記述㋐，㋑，㋒のうち，妥当なもののみをすべて挙げているのはどれか。

㋐　気体の内部エネルギーの増加量は，気体に加えられた熱量と，気体が外部からされた仕事との和に等しい。

㋑　2種類の理想気体において，気体の物質量，体積，温度がそれぞれ等しくても，気体1mol当たりの質量が異なれば，気体の圧力は異なる。

㋒　熱は，高温の物体から低温の物体に自然に移動するが，低温の物体から高温の物体に自然に移動することもある。

1　㋐
2　㋐，㋑
3　㋐，㋑，㋒
4　㋑，㋒
5　㋒

解 説 ━━

㋐　正しい。熱力学第1法則の内容そのものである。

㋑　誤り。理想気体では，状態方程式 $PV = nRT$（P：圧力，V：体積，n：物質量，R：気体定数，T：絶対温度）が成り立ち，比例定数の気体定数は気体の種類によらない。したがって，圧力以外の量がすべて等しいなら，圧力は等しくなる。

㋒　誤り。熱力学第2法則の内容である。ほかに変化を与えることなく，自然に低温の物体から高温の物体に熱だけが移動することはない。

正答　**1**

ポイント

　熱力学第1法則，状態方程式，熱力学第2法則についての基本的な内容そのものを問う問題です。それぞれ証明できるような内容ではないので，単純に知っていたかどうかです。

図の曲線は，x軸の正の向きに進む縦波（疎密波）について，ある時刻における縦波による媒質のx軸の正の向きの変位をy軸の正の向きの変位に変換し，x軸の負の向きの変位をy軸の負の向きの変位に変換したものである。図中の点 A ～ D のうち，媒質が最も密な点と，媒質の速度の大きさが最大となる点の組合せとして最も妥当なのはどれか。

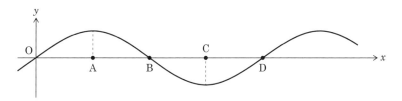

	最も密な点	速度の大きさが最大となる点
1	A	B, D
2	B	A, C
3	B	B, D
4	D	A, C
5	D	B, D

解説

最も密な点:

下図のように，媒質の動きを書き込むと，媒質は点Bに集まっていることがわかる。したがって，最も密な点はBである。

速度の大きさが最大となる点:

媒質はそれぞれ単振動をしている。そこで，単振動の変位を仮に

$$x = A\sin\omega t$$

と置くと，これを時間で微分して，速度は，

$$v = \frac{dx}{dt} = A\omega\cos\omega t$$

となる。この場合，速度の大きさが最大となるのは $0 \leqq \omega t < 2\pi$ の範囲内で $\omega t = 0$，π のときである。このときいずれも $x = A\sin\omega t = 0$ である。したがって，原点にいて変位していないときが最も速度の大きさが大きい。これは設問の図では B，D である。

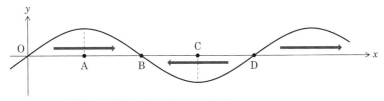

➡ 媒質の移動方向（右を正方向とした）

正答 **3**

ポイント

横波の媒質の疎密については過去に何度か出題されています。たとえば，平成27年度国家総合職（工学区分）No.15 や，平成24年度国家一般職［大卒］No.16（『公務員試験 技術系 新スーパー過去問ゼミ 工学に関する基礎（数学・物理）』〈実務教育出版〉p.334 に掲載）で出題されています。一方，媒質の速度の大きさについては近年ではほとんど問われていませんでした。

速度の大きさについては，用意していなかった場合でも，変位が最大となる場合を想像すれば，たとえば正の最大の変位の場合，それまでは進行方向に向かっていた媒質が，最大まで変位してそこからは引き返す（ので変位が減る）のですから，速度は0になっていると判断できます。逆に，媒質が単振動であることを知っていたのであれば，解説のほかにも，単振動で成り立つ式，

$$x^2 + \left(\frac{v}{\omega}\right)^2 = A^2 \quad （文字は解説の文字と同じ意味）$$

からも，速度の大きさが最大のとき $x = 0$ であると判断できます。

No. 17 物理 干渉 令和5年度

音の干渉に関する次の記述の㋐，㋑に当てはまるものの組合せとして最も妥当なのはどれか。

「図のように，3.0m 離れた2点A，Bに置かれたスピーカーから，同じ振動数・振幅の音が出ている。A，Bを通る直線に平行で，4.0m 離れた直線 l 上を移動しながらこの音を観測したところ，A，Bから等距離の点Oで音の大きさは極小となり，次にOから1.5mだけ移動した点Pで再び極小となった。

このとき，音の波長は [㋐] である。直線 l 上の任意の点Qに対して，△ABQの各辺の長さ（$\overline{AB}$，$\overline{AQ}$，$\overline{BQ}$）の間に $|\overline{AQ}-\overline{BQ}|<\overline{AB}$ の関係が成り立つことを考慮すると，直線 l 上で音の大きさが**極大**となる点の数は [㋑] となる」

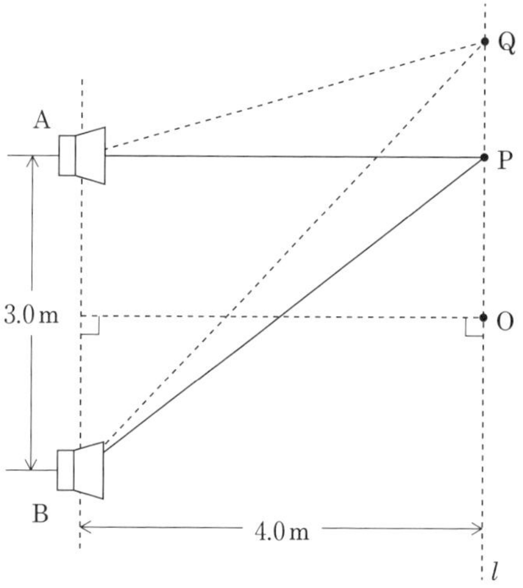

	㋐	㋑
1	1.0m	4個
2	1.0m	6個
3	2.0m	2個
4	2.0m	4個
5	2.0m	6個

解説

　A，Bからの音の位相が逆になると，音が弱め合って極小になる。観測者がOにいるときには2つのスピーカーからの距離が等しいにもかかわらず音が極小となったため，出ている音はそもそも半波長分，位相がずれていたことになる。次に極小となるのが点Pなので，このときには，位相はさらに1波長分ずれたことになるが，それは，距離について1波長ずれが生じたことになる。つまり，求める波長をλとすると，

　　$\overline{BP} - \overline{AP} = \lambda$

が成立することを意味する。

　ここで，$\overline{AP} = 4.0\,\text{m}$，$\overline{BP} = \sqrt{3^2 + 4^2} = 5.0\,\text{m}$であるので，求める波長は$\lambda = 1.0\,\text{m}$である。

　次に，極大となる場合は，出ている音の位相がすでに逆であることを考えると，mを整数として，

　　$|\overline{AQ} - \overline{BQ}| = (m + 0.5)\lambda = m + 0.5\,\text{(m)}$

となる場合である。

　ところで，設問中に与えられている不等式を考えると，

　　$|\overline{AQ} - \overline{BQ}| < \overline{AB} = 3.0$

である。したがって，$m = 0，1，2$のときが該当することになる。それぞれ正負（AQが大きいときと，BQが大きいとき）があることに注意すると，極大となる点は6個ある。

正答　**2**

ポイント

　干渉の基本的な計算問題です。スピーカーから出ている音が，最初から半波長ずれている点に本問の特徴がありますが，そこに気づけば，簡単な計算で正答を導けます。「極小」＝「弱め合う」＝「半波長ずれる」と短絡的に結論づけて，距離の差を0.5λとしないように注意が必要です。

　なお，与えられた不等式は三角不等式です。

真空中において, 図Ⅰのように, 平面Pに垂直に, 十分に長い直線導体A, B, Cを距離 r ずつ隔てて同一直線上に配置し, A, B, Cにそれぞれ大きさ I, $2I$, $3I$ の電流を同じ向きに流した。図Ⅱは, 図ⅠにおいてXの方向から見た平面図である。このとき, Bの単位長さ当たりにはたらく力の合力の向きと大きさの組合せとして最も妥当なのはどれか。

ただし, 真空の透磁率を μ_0 とする。

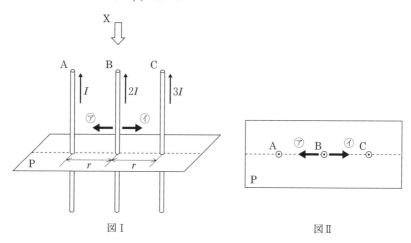

図Ⅰ

図Ⅱ

	向き	大きさ
1	㋐	$\dfrac{\mu_0 I^2}{\pi r}$
2	㋐	$2\dfrac{\mu_0 I^2}{\pi r}$
3	㋑	$\dfrac{\mu_0 I^2}{\pi r}$
4	㋑	$2\dfrac{\mu_0 I^2}{\pi r}$
5	㋑	$3\dfrac{\mu_0 I^2}{\pi r}$

まず，AとCがBの位置につくる磁束密度Bの大きさを求める。それぞれの電流がつくる磁束密度の向きは右ねじの法則から下図となり，打ち消しているので，アンペールの法則より，

$$B = \frac{3\mu_0 I}{2\pi r} - \frac{\mu_0 I}{2\pi r} = \frac{\mu_0 I}{\pi r}$$

この磁束密度から電流Bが力を受けるので，その方向はフレミングの左手の法則から（電流を左手中指，磁束密度を左手人差し指に合わせたときの左手親指の方向），④とわかる。

大きさFは，

$$F = 2I \times B \times 1 = 2\frac{\mu_0 I^2}{\pi r}$$

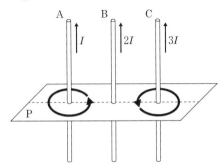

ポイント

3本の直線電流の間にはたらく力については，過去に何回か出題があります。たとえば，平成22年度国家Ⅰ種（理工Ⅰ区分）（現国家総合職）No.18（『公務員試験　技術系　新スーパー過去問ゼミ　工学に関する基礎（数学・物理）』〈実務教育出版〉p.372に掲載）では向きについて問われています。また，2本の直線電流がつくる磁界の大きさの計算問題も平成26年度国家総合職（工学区分）No.18（同書 p.358に掲載）で問われています。これらの過去問で対策していれば，容易に解けたのではないかと思います。

なお，直線電流間にはたらく力の向きについては，「同じ向きの電流は引き付け合う」と覚えていれば，本問でもより大きな電流Cに引き付け合うとして，すぐに判断ができます。

図Ⅰのように，抵抗値が $2R$ および R の抵抗とコンデンサ C を直流電源に接続した回路において，端子 A，B 間の電圧を E とする。

スイッチ S を開いて十分に時間が経過した状態から，図Ⅱのように S を開閉したときの E の時間変化を模式的に表したグラフとして最も妥当なのはどれか。

ただし，時間間隔 T は C の充放電に必要となる時間に対し十分に大きいものとする。

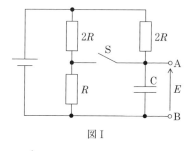

図Ⅰ

図Ⅱ

1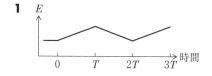

2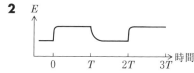

3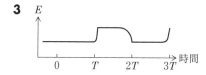

4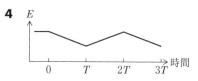

5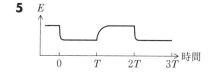

解説

電源と抵抗，コンデンサが直列に接続されている場合，コンデンサの電流や電荷は，指数関数的に収束していく。選択肢のグラフのうち，**2**，**5** のみがこれに該当する（**3** は $t = 2T$ の直前，つまりスイッチ操作をする直前に急激に電圧が減少しており，指数関数的に収束するとはいえない）。そこで，スイッチを開閉してから十分時間が経過した後（次にスイッチを開閉する直前）のコンデンサの電圧を考える。便宜上，電源電圧を V_0 とする。

場合 1：スイッチを開いた場合（図 1）

十分時間が経過するとコンデンサの充放電が終了し，コンデンサには電流が流れなくな

る。したがって，コンデンサに直列に接続されている $2R$ の抵抗には電流は流れない。そこで図1ではこれを導線に置き換えた。すると，コンデンサは電池に並列に接続されているので，コンデンサに加わる電圧は電源電圧の V_0 に等しい。

場合2：スイッチを閉じた場合（図2）

この場合，2つの並列の $2R$ の抵抗を合成して考える（等しい抵抗を並列合成すると，抵抗値は半分になる。具体的には $\dfrac{1}{\dfrac{1}{2R}+\dfrac{1}{2R}}=R$ となる）。

この場合，コンデンサは抵抗 R に並列に接続されているため，電圧も抵抗の電圧と等しい。十分時間が経過すればコンデンサには電流は流れないため，図の破線矢印部分のみに電流が流れる。したがって，2つの直列の等しい抵抗には等しい電圧が加わるので，抵抗 R に加わる電圧，つまりコンデンサに加わる電圧は $\dfrac{V_0}{2}$ である。

これより，スイッチが開いているときと比べて，閉じているときのほうが十分時間が経過したときの電圧は低い。

以上を表すグラフは **5** である。

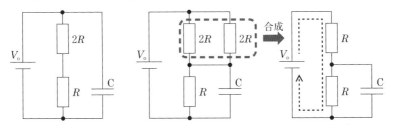

図1：スイッチを開いた場合　　　　**図2：スイッチを閉じた場合**

正答 **5**

ポイント

過渡応答回路および基本的なコンデンサの入る回路についての問題です。過渡応答回路部分については，コンデンサ（容量 C）と抵抗（大きさ R）の直列回路において電圧 $v(t)$ は，

$$v(t)=v_0 e^{-\frac{t}{CR}}+v_\infty\left(1-e^{-\frac{t}{CR}}\right)\quad(v_0：t=0\text{ における電圧，}v_\infty：\text{電圧の収束値})$$

の形で書けることを知っていることが前提です。ただし，式の細かい形ではなく，指数関数的に収束する，という関数の形だけが問題となっています。グラフの形については，平成29年度国家総合職（工学区分）No.19で問われています。

グラフの形から2択に絞れますが，最後は電圧の比較となります。簡単な直流回路の問題として解くことができますが，こちらは国家一般職［大卒］でよく出題されています。たとえば，令和4年度国家一般職［大卒］No.20や平成25年度国家一般職［大卒］No.19（『公務員試験　技術系　新スーパー過去問ゼミ　工学に関する基礎（数学・物理）』〈実務教育出版〉p.404に掲載）でほとんど同じ回路が出題されています。

図のような回路において，AC 間の電圧降下 v_{AC} と BC 間の電圧降下 v_{BC} の差が

$$v_{\mathrm{AC}} - v_{\mathrm{BC}} = 1\,\mathrm{V}$$

であるとき，右上の抵抗の抵抗値 $x\,[\Omega]$ として最も妥当なのはどれか。

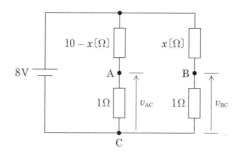

1　1
2　3
3　5
4　7
5　9

A を流れる電流を I_1，B を流れる電流を I_2 とする。次図の破線矢印に沿ってキルヒホッフの法則を立てると，

$$8 = (10 - x)I_1 + 1 \times I_1 = (11 - x)I_1$$

$$\therefore\quad I_1 = \frac{8}{11 - x}$$

したがって，オームの法則から，

$$v_{\mathrm{AC}} = 1 \times I_1 = \frac{8}{11 - x}$$

下図の実線矢印に沿ってキルヒホッフの法則を立てると，

$$8 = xI_2 + 1 \times I_2 = (x + 1)I_2$$

$$\therefore\quad I_2 = \frac{8}{x + 1}$$

したがって，オームの法則から，

$$v_{BC} = 1 \times I_2 = \frac{8}{x+1}$$

設問に与えられた条件式に代入して，

$$\frac{8}{11-x} - \frac{8}{x+1} = \frac{8\{x+1-(11-x)\}}{(11-x)(x+1)} = \frac{8(2x-10)}{(11-x)(x+1)} = 1$$

分母を払うと，

$$16x - 80 = (11-x)(x+1) = -x^2 + 10x + 11$$

$$\therefore \quad x^2 + 6x - 91 = (x+13)(x-7) = 0$$

これより $x = 7$ となる。

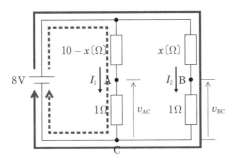

正答 **4**

ポイント

　易しい直流回路の問題です。解説ではキルヒホッフの法則を使っていますが，もちろん直列合成をして電流を求めてもよいし，直列回路の場合には，電圧は抵抗値に比例することから電圧を求めても構いません。確実に正答したい問題です。

45

国家一般職
[大卒]

●出題内訳表

工学系4区分 の No.	科目	出題内容	物理区分の No.	化学区分の No.
1	数学	2次関数	1	1
2		空間図形	2	2
3		接線	3	
4		積分		
5		指数		
6		階差数列	4	
7		場合の数		
8		確率	5	
9		2進数の計算	7	5
10	物理	モーメントのつりあい	9	
11		浮力	10	
12		運動量と力積	11	6
13		運動方程式		
14		半減期		7
15		ばね振り子		
16		定常波	19	
17		P-V線図		
18		クーロンの法則	26	8
19		直流回路	27	
20		磁場		

※工学系4区分とは「デジタル・電気・電子」「機械」「土木」「建築」である。

国家一般職
[大卒]

No. 1

電気・電子・デジタル，機械，土木，建築，物理，化学

数学　2次関数　令和5年度

2次関数に関する次の記述の㋐，㋑，㋒に当てはまるものの組合せとして正しいのはどれか。

「$y = ax^2 + bx + c$ のグラフが図のようになるとき，b は [㋐]，$b^2 - 4ac$ は [㋑]，$a - b + c$ は [㋒] となる」

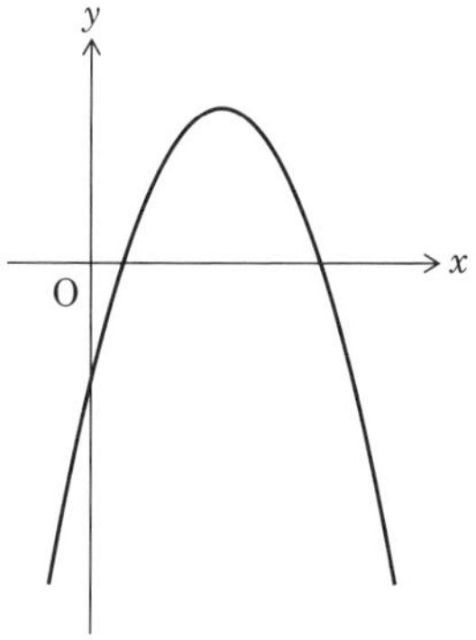

	㋐	㋑	㋒
1	正	正	正
2	正	正	負
3	正	負	負
4	負	負	正
5	負	負	負

　放物線が上に凸なので $a < 0$ がわかる。また，$x = 0$ において，$y = c < 0$ もわかる。
　与えられた式を平方完成すると，

$$y = ax^2 + bx + c = a\left(x + \frac{b}{2a}\right)^2 - \left(\frac{b}{2a}\right)^2 + c = a\left(x + \frac{b}{2a}\right)^2 + \frac{4ac - b^2}{4a}$$

となる。したがって，この放物線の軸の x 座標について，

$$x = -\frac{b}{2a} > 0$$

となる。両辺に $-2a\,(>0)$ を掛けると $b > 0$ がわかるので，㋐には「正」が入る。
　なお，$f(x) = ax^2 + bx + c$ と置いたとき，

$$f(1) - f(-1) = 2b > 0$$

からも判断できる。
　また，頂点の y 座標について，

$$\frac{4ac - b^2}{4a} = -\frac{b^2 - 4ac}{4a} > 0$$

　両辺に $-4a\,(>0)$ を掛けて，

$$b^2 - 4ac > 0$$

となるので，㋑には「正」が入る。
　なお，放物線と x 軸が 2 点で交わっていることから，2 次方程式

$$y = ax^2 + bx + c = 0$$

は 2 実数解を持つ。したがって，その判別式 D について，

$$D = b^2 - 4ac > 0$$

と判断することもできる。
　最後に，$x = -1$ のときの y 座標について，

$$y = a(-1)^2 - b + c = a - b + c < 0$$

となるので㋒には「負」が入る。

正答　**2**

ポイント

　例年，No.1 の問題は易しい内容が多いのですが，この年も「軽くウォーミングアップしてください」という問題でした。
　本問は過去にはほとんど出題がありませんが，高校の教科書などではよく見る問題です。
　もっとも，マーク式なので，たとえば頂点を (1, 1) として，

$$y = -(x - 1)^2 + 1$$

のように具体的な式で調べることもできました。

図のように，一辺の長さが 6 の立方体を 1 つの AF 平面で切り取ってできた立体がある。AB = 5，CD = 4，FG = 4，HI = 2 であるとき，この立体の体積はいくらか。

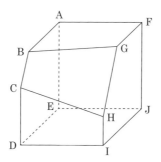

1 196

2 198

3 200

4 202

5 204

下図のように，もとの立方体を復元し，切断面と立方体から取り除かれていた辺（図のように PQ とする）との交点を O とする。求める体積を，立方体の体積から切り取った体積を引いて求める。

ここで，与えられた条件から，PB，PC，QG，QH の長さが求まり，相似の関係から OP : OQ = 1 : 2 となることがわかる。そのため，OP = 6 となる。

ここで，三角錐 O-BPC の体積は，

$$\text{O-BPC} = \frac{1}{3} \times \left(\frac{1}{2} \times 1 \times 2 \right) \times 6 = 2$$

また，

$$\text{O-GQH} = \frac{1}{3} \times \left(\frac{1}{2} \times 2 \times 4 \right) \times 12 = 16$$

したがって，求める体積は，

$$6^3 - (16 - 2) = 216 - 14 = 202$$

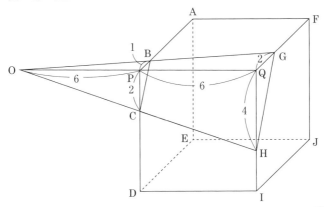

ポイント

空間図形の問題ですが，もとの立方体をつくることを思いつけば，後は一本道で難しくありません。空間図形に苦手意識を持たずに，設問の条件をしっかり読むことが大切です。

xy 平面上において，曲線 $y = x^3 + kx^2 + 2x + 4$ 上の $x = 1$ の点における接線が原点を通るとき，定数 k の値はいくらか。

1 -2

2 -1

3 0

4 1

5 2

解説 ▬▬▬▬▬▬▬▬▬▬▬▬▬▬▬▬▬▬▬▬▬▬

$x = 1$ のとき，$y = 1 + k + 2 + 4 = k + 7$ である。また，

$$y' = 3x^2 + 2kx + 2$$

なので，$x = 1$ のとき $y' = 3 + 2k + 2 = 2k + 5$ となる。したがって，$x = 1$ における接線とは，傾きが $2k + 5$ で点 $(1, \ k + 7)$ を通る直線なので，その式は，

$$y = (2k + 5)(x - 1) + k + 7 = (2k + 5)x - 2k - 5 + k + 7 = (2k + 5)x - k + 2$$

となる。これが原点を通るので，

$$0 = -k + 2$$

$$\therefore \quad k = 2$$

正答 **5**

ポイント

非常に基本的な接線の計算問題です。計算ミスに注意して計算していきましょう。
なお，接線の問題は平成 29 年度国家一般職［大卒］No.3 でも出題されています。

$\int_0^\pi \sin^2 x\,dx$ の値はいくらか。

1 $\dfrac{1}{4}\pi$

2 $\dfrac{1}{3}\pi$

3 $\dfrac{1}{2}\pi$

4 $\dfrac{2}{3}\pi$

5 $\dfrac{3}{4}\pi$

解　説

半角公式から

$$\sin^2 x = \frac{1 + \cos 2x}{2}$$

となるので,

$$\int_0^\pi \sin^2 x\,dx = \int_0^\pi \frac{1 - \cos 2x}{2}\,dx = \left[\frac{1}{2}x - \frac{\sin 2x}{4}\right]_0^\pi = \frac{1}{2}\pi$$

正答 **3**

ポイント

　単純な定積分の計算問題ですが, この定積分自体, 過去に繰り返し出題されています（『公務員試験　技術系　新スーパー過去問ゼミ　工学に関する基礎（数学・物理）』〈実務教育出版〉p.104 を参照）。半角公式を使うことは事前に準備して覚えていなければいけません。その後の三角関数の積分については $2x = t$ と置換積分してもよいですが, 直接積分できるようにしておくとよいでしょう。また, $\cos 2x$ は周期 π の周期関数ですから,

$$\int_0^\pi \cos 2x\,dx$$

というのは, $\cos 2x$ を 1 周期積分せよということですが, これはグラフの形から 0 となります。これであれば, そもそも三角関数部分は, 積分計算自体が不要となります。

関数 $y = -4^{x+1} + 2^{x+2}$ の最大値はいくらか。

1　1
2　2
3　3
4　4
5　5

解説

$$y = -4^{x+1} + 2^{x+2} = -4^x \times 4 + 2^x \times 2^2 = -4(2^x)^2 + 4 \times 2^x$$

ここで $t = 2^x$ と置くと $t > 0$ であり，

$$y = -4t^2 + 4t = -4\left(t^2 - t + \frac{1}{4}\right) + 1 = -4\left(t - \frac{1}{2}\right)^2 + 1$$

これは $t = \frac{1}{2}$ を頂点の x 座標とする上に凸の放物線なので，$t > 0$ における最大値は頂点の y 座標である 1 $\left(t = \frac{1}{2}\right)$ である。

正答 **1**

ポイント

　指数関数を題材にした問題ですが，解説のような置き換えに気づくかどうかが最大のポイントです。また，簡単な指数法則の計算は必要となります。

次のように定められた数列 $\{a_n\}$ の第 50 項 a_{50} の値はいくらか。

$a_1 = -1$, $a_{n+1} - a_n = 2n - 3$ $(n = 1, 2, 3, \cdots)$

1 2300

2 2302

3 2304

4 2306

5 2308

解説

$a_{50} = (a_{50} - a_{49}) + (a_{49} - a_{48}) + (a_{48} - a_{47}) + \cdots + (a_2 - a_1) + a_1$

$\quad\ = \{95 + 93 + 91 + \cdots + (-1)\} + (-1)$

上の式で { } の中は，初項 -1，公差 2 の等差数列の和（項数 49）なので，

$\dfrac{95 - 1}{2} \times 49 = 2303$

と計算できる。したがって $a_{50} = 2303 - 1 = 2302$ となる。

正答 **2**

ポイント

　階差数列の基本的な計算問題です。階差数列の問題では，平成 24 年度国家一般職 [大卒] No.7 でも出題されていました。解説では階差数列の公式を表立って使っていませんが，これを前面に押し出して公式を使って計算すると，$a_{n+1} - a_n = b_n$ として，

$a_{50} = \displaystyle\sum_{k=1}^{49} b_k + a_1 = \sum_{k=1}^{49} (2k - 3) - 1$

$\quad\ = 2 \times \dfrac{49 \cdot 50}{2} - 3 \times 49 - 1 = 2450 - 147 - 1 = 2302$

となります。ただし途中で

$\displaystyle\sum_{k=1}^{n} k = \dfrac{1}{2} n(n+1)$, $\qquad \displaystyle\sum_{k=1}^{n} 1 = n$

を使っています。

数学　場合の数　令和5年度

場合の数に関する次の記述の㋐，㋑に当てはまるものの組合せとして最も妥当なのはどれか。

「正六面体のサイコロは，一般に，向かい合う面の目の数の和が7になるように面を配置するというルールに従っている。このルールの下では，回転させると目の数の並びが同じになるものを1つの種類として数えると，図のようにサイコロの種類は2種類となる。

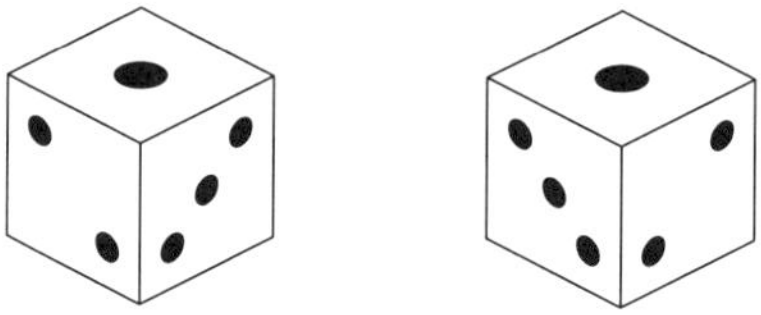

このルールを一部なくし，1と6の面は向かい合う位置に残したまま，2～5の面を自由に配置してよいとした場合，上記と同じ方法で数えると，サイコロの種類は[㋐]種類となる。

さらに，このルールを完全になくし，1～6の面を自由に配置してよいとした場合，上記と同じ方法で数えると，サイコロの種類は[㋑]種類となる」

	㋐	㋑
1	6	30
2	6	60
3	12	30
4	12	60
5	18	60

㋐について：

2～5の4つの数字を円状に並べるので，円順列の公式から，その並べ方は $(4-1)! = 6$ 〔通り〕となる。したがって㋐には「6」が入る。

㋑について：

1の目を上に固定したうえで，1と向かい合う面を考えると，2～6の5通りある。この5通りそれぞれについて㋐で計算したとおり6通りの配置の方法があるため，全部で $5 \times 6 = 30$ 〔通り〕となる。したがって，㋑には「30」が入る。

正答 **1**

ポイント

基礎能力試験でときどき見られるような問題です。円順列の公式を知っていれば㋐は容易に解けますし，㋑も㋐についての設問の誘導から容易に想像がつくのではないでしょうか。

ここで使った円順列の公式とは，n 人を円形に並べるとき（回転して同一の並び方になるものは同一の並べ方とする），その並べ方が $(n-1)!$ になるというものです。これを知らない場合でも，㋐については，たとえば「2を正面に配置する」というルールを自分で設定してしまえば，残りの3, 4, 5の並び方が $3! = 6$ 〔通り〕になると計算できます。これは円順列の公式を導くことと同じことです。

女子 2 人，男子 2 人の合計 4 人で 1 回じゃんけんをするとき，男子が 2 人とも負ける確率はいくらか。

　　ただし，4 人はグー，チョキ，パーをそれぞれ $\dfrac{1}{3}$ の確率で出すものとする。

1 $\dfrac{1}{27}$

2 $\dfrac{2}{27}$

3 $\dfrac{1}{9}$

4 $\dfrac{4}{27}$

5 $\dfrac{1}{3}$

男子が 2 人とも負ける場合には, 女子が 2 人とも勝つ場合と, 女子の片方が負ける場合の 2 通りがある。

場合 1：女子が 2 人とも勝つ場合

どの手で女子が勝つのかで 3 通り考えられるが, これが決まれば, 男子 2 人はいずれも確率 $\frac{1}{3}$ で負ける手を出し, 女子 2 人はいずれも確率 $\frac{1}{3}$ で勝つ手を出すので, その確率は,

$$3 \times \left(\frac{1}{3}\right)^2 \times \left(\frac{1}{3}\right)^2 = \frac{1}{27}$$

である。

場合 2：女子が 1 人負ける場合

どの手で女子 1 人が勝つのかで 3 通りあり, さらにどちらの女子が負けるのかで 2 通りあるが, 手と負ける人が決まれば, 後は負ける人（男子 2 人と女子 1 人）が負ける手を確率 $\frac{1}{3}$ で出し, 勝つ人（女子 1 人）が勝つ手を確率 $\frac{1}{3}$ で出すので,

$$3 \times 2 \times \left(\frac{1}{3}\right)^3 \times \frac{1}{3} = \frac{2}{27}$$

よって, 求める確率は,

$$\frac{1}{27} + \frac{2}{27} = \frac{1}{9}$$

正答 **3**

ポイント

じゃんけんの確率は, 基礎能力試験でもよく見られますが, 専門試験でも, たとえば平成 27 年度国家一般職［大卒］No.8 に出題されていて（『公務員試験 技術系 新スーパー過去問ゼミ 工学に関する基礎（数学・物理）』〈実務教育出版〉p.145 に掲載）頻出です。この問題は, その中でもオーソドックスな内容といえますが, 男子が 2 人とも負ける場合は, 女子がどうなるかで 2 通りあることを忘れると正答が出てきません（しかも, 解説の 2 通りそれぞれの確率である $\frac{1}{27}$, $\frac{2}{27}$ はいずれも選択肢にあります）。

解説では, 確率を計算していきましたが, 場合の数を計算しても同じことになります。この場合は 1 人で 3 つの手を出せるので全部で $3^4 = 81$〔通り〕ありますが, たとえば, 場合 1 であれば, 場合の数は, どの手で勝つのかで 3 通りなので, $\frac{3}{81} = \frac{1}{27}$ となります。

２進数で表された次の計算の結果を２進数で表したものとして正しいのはどれか。

101010111 ÷ 111 + 11101

1　1000101

2　1001000

3　1001011

4　1001110

5　1101110

10進数に直して計算する。なお，2進数で表された数を添え字の (2) で表す（何も付けていないのは10進数で表された数である）。

$101010111_{(2)} = 2^8 + 2^6 + 2^4 + 2^2 + 2^1 + 1 = 343$

$111_{(2)} = 2^2 + 2^1 + 1 = 7$

$11101_{(2)} = 2^4 + 2^3 + 2^2 + 1 = 29$

となり，

$343 \div 7 + 29 = 49 + 29 = 78$

と計算される。これを2進数に直すと，

$78 = 64 + 8 + 4 + 2 = 2^6 + 2^3 + 2^2 + 2^1 = 1001110_{(2)}$

となる。

正答 **4**

ポイント

　例年フローチャートが出題されていましたが，令和4年度はフローチャートがなく，代わりに2進数の計算が出題されました。n進数の計算は地方上級ではよく見られますが，国家一般職［大卒］ではほとんど出題がありませんでした。

　解説では2進数の定義に従って計算していますが，ほかにも順次割り算をする方法など，数的推理で使われる手法でも計算できます。

　さらに，デジタル区分の受験生や計算が得意な人は，2進数で直接筆算できます。以下に図示しておきますので，興味がある人は実際にやってみると，10進数と同様，案外簡単にできることが確認できます。

```
            1 1 0 0 0 1
   1 1 1 )1 0 1 0 1 0 1 1 1
          1 1 1                      1 1 0 0 0 1
          ───                  +)      1 1 1 0 1
            1 1 1              ───────────────────
            1 1 1              1 0 0 1 1 1 0
            ───
              0 0 1 1 1
                  1 1 1
                  ───
                      0
```

水平な地面に, 長さが1.2mで太さが**一様でない**細い棒が置かれている。

まず, 図Ⅰのように, 棒の一端Bに糸を付け, 糸を鉛直上向きに引っ張ったところ, Bを持ち上げるのに24Nの力を必要とした。このとき, 他端Aは地面についたままであった。

次に, 図Ⅱのように, AとBの中点Cに糸を付け, 糸を鉛直上向きに引っ張ったところ, Cを持ち上げるのに24Nの力を必要とした。このとき, Bは地面についたままであった。

Aから棒の重心までの距離として最も妥当なのはどれか。

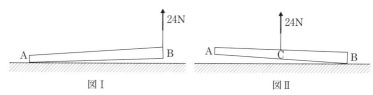

図Ⅰ	図Ⅱ

1 0.70 m

2 0.80 m

3 0.90 m

4 1.0 m

5 1.1 m

棒の重力を W, 重心のAからの距離を x 〔m〕とする。また, 図Ⅰと図Ⅱについて力を記入した様子を以下に示す(N_1, N_2 は垂直抗力である)。

図Ⅰ(左下図)について点Aまわりのモーメントのつりあいより,

$$Wx = 24 \times 1.2 = 28.8 \quad \cdots\cdots①$$

図Ⅱ(右下図)について点Bまわりのモーメントのつりあいより,

$$W(1.2 - x) = 24 \times 0.6 \quad \cdots\cdots②$$

$$\therefore \quad 1.2W - Wx = 14.4 \quad \cdots\cdots③$$

①，③を解く。
①を③に代入すると，

1.2W − 28.8 = 14.4

$$\therefore \quad W = \frac{14.4 + 28.8}{1.2} = 36$$

再び最初の式に代入して，

$$x = \frac{28.8}{W} = \frac{28.8}{36} = 0.8$$

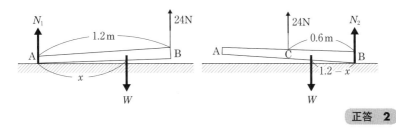

正答　2

ポイント

　モーメントのつりあいの有名問題で，典型問題は『公務員試験　技術系　新スーパー過去問ゼミ　工学に関する基礎（数学・物理）』（実務教育出版）p.211 に掲載されています。本問もこれとまったく同じようにして解くことができます。必要な力を図示して，必要な数を文字で置くことが大切です。なお，解説では①，③の形を比べて解きました。しかし本問では x が目標となるので，① ÷ ② を計算して W を消去するほうが容易です。

　ところで，前掲書には別解もありました。本問は2つの図の支点が異なるためそのままその解答を使うわけにはいきません。ただ，図Ⅱは中央を24Nで引っ張っていますが，支点Bまわりのモーメントを考えると，Aを12Nで引っ張ってもモーメントのつりあいは変わらないことがわかります。すると，下図のようなつりあいが成立することがわかるので，天秤のつりあいを考えることで，$x = \dfrac{2}{3} \times 1.2 = 0.8$ がわかります。

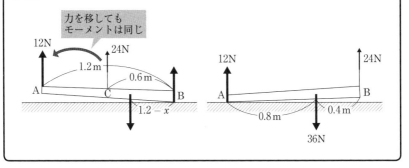

63

浮力に関する次の記述の㋐，㋑に当てはまるものの組合せとして最も妥当なのはどれか。

「図のように，密度 $1.2 \times 10^3\,\mathrm{kg/m^3}$ の液体に，密度 $1.0 \times 10^3\,\mathrm{kg/m^3}$ で一辺の長さ $0.10\,\mathrm{m}$ の一様な立方体を浮かべた後，立方体の上面と液面が一致して静止するように鉛直下向きに大きさ F の力を立方体の上面に加えた。このとき，F の大きさは ㋐ N となる。また，この状態から，加えた力を取り去ったとき，その瞬間の立方体の加速度の大きさは ㋑ $\mathrm{m/s^2}$ となる。

　ただし，重力加速度の大きさを $10\,\mathrm{m/s^2}$ とする。また，摩擦および表面張力は無視し，立方体は鉛直方向にのみ動くものとする」

	㋐	㋑
1	0.2	0.5
2	0.2	2
3	2	0.5
4	2	2
5	8	0.5

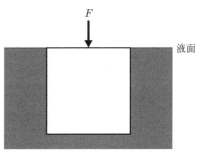

解説

立方体の質量は，密度に体積を掛けて $1.0 \times 10^3 \times 0.10^3 = 1.0\,\text{kg}$ なので，立方体にはたらく重力は $1.0 \times 10 = 10\,\text{N}$ である。

また，立方体にはたらく浮力はアルキメデスの原理より，

$$1.2 \times 10^3 \times 10 \times 0.10^3 = 12\,\text{N}$$

である。

重力は鉛直下向きに，浮力は鉛直上向きにはたらくので，求める鉛直下向きの力 F は，

$$F = 12 - 10 = 2\,\text{N}$$

となる。したがって，㋐には「2」が入る。

次に，F を取り除いた後について，鉛直上向きの加速度を a として運動方程式を立てると，

$$1 \times a = 12 - 10 = 2$$

$$\therefore \quad a = 2\,\text{m/s}^2$$

よって，㋑には「2」が入る。

正答 4

ポイント

非常に簡単な浮力のつりあいと運動方程式の問題です。解説中に登場するアルキメデスの原理とは，浮力の大きさを F とすると，これが

$$F = \rho g V$$

（ρ：周囲の液体の密度，g：重力加速度，V：水中に没している部分の体積）

と表されるというものです。

東向きに速さ $10\,\mathrm{m/s}$ で飛んでいる質量 $0.20\,\mathrm{kg}$ の小球をバットで打ち返したところ, 小球は北向きに速さ $10\,\mathrm{m/s}$ で飛んでいった。このとき, 小球がバットから受けた力積の大きさとして最も妥当なのはどれか。

ただし, 小球の運動は水平面内で起こるものとし, 重力の影響は無視するものとする。

1 $0.70\,\mathrm{N\cdot s}$

2 $1.0\,\mathrm{N\cdot s}$

3 $1.4\,\mathrm{N\cdot s}$

4 $2.0\,\mathrm{N\cdot s}$

5 $2.8\,\mathrm{N\cdot s}$

　小球が持つ運動量の大きさは，バットで打つ前後でいずれも $0.2 \times 10 = 2.0\,\mathrm{N \cdot s}$ である。バットがボールに与えた力積の西方向成分を F_{xt}，北方向成分を F_{yt} と置くと，運動量保存則から，

$$2.0 - F_{xt} = 0 \qquad \therefore \quad F_{xt} = 2.0\,\mathrm{N \cdot s}$$
$$0 + F_{yt} = 2.0 \qquad \therefore \quad F_{yt} = 2.0\,\mathrm{N \cdot s}$$

これを合成したものが求める力積 F_t なので，

$$F_t = \sqrt{F_{xt}^{\,2} + F_{yt}^{\,2}} = 2\sqrt{2} = 2.8\,\mathrm{N \cdot s}$$

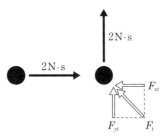

正答 **5**

　平成 30 年度国家一般職［大卒］No.12 で出題された問題と同じ内容の問題です。平成 30 年度の問題では，「角度が 2θ 変わった」となっていますが，これが「90°」になったのが本問です。
　力積とあるので，運動量保存則を考えることは当然です。運動量はベクトル量で，方向もあるので，方向が変わる場合には本問解説のように成分を分けて計算します。この場合，最後に合成することを忘れないようにしましょう。なお，「北西 - 南東」方向の運動量保存則を考える方法もありますが，本問ではあまり違いがありません。

図のように，質量 $3m$ の小物体 A と質量 m の小物体 B を糸でつなぎ，滑らかに回転する軽い定滑車に掛け，静かに放したところ，A と B は運動を始めた。このとき，糸の張力の大きさとして最も妥当なのはどれか。

　ただし，重力加速度の大きさを g とする。

1 $\dfrac{1}{2}mg$

2 mg

3 $\dfrac{3}{2}mg$

4 $2mg$

5 $\dfrac{5}{2}mg$

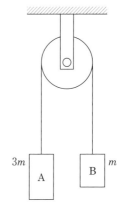

解説

　糸の張力を T，物体の加速度の大きさを a として，2つの物体それぞれについて運動方程式を立てる。加速度の方向について下図に示した。

　A について，

　$3ma = 3mg - T$

　B について，

　$ma = T - mg$

　下の式を3倍して上の式に代入すると，

　$3T - 3mg = 3mg - T$

　$\therefore \quad T = \dfrac{6mg}{4} = \dfrac{3}{2}mg$

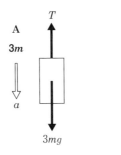

正答　**3**

ポイント

　運動方程式の問題としては最も基本的な問題です。一つひとつの物体について丁寧に力を見つけることが大切です。

ある放射性原子核の半減期が 25 日であるとき，初めに存在した原子核の数が $\frac{1}{6}$ になるのに要する日数として最も妥当なのはどれか。

ただし，$\log_{10} 2 = 0.30$，$\log_{10} 3 = 0.48$ とする。また，初めに存在した原子核の数を N_0，半減期を T，経過時間を t とすると，未崩壊の原子核の数 N は，

$$N = N_0 \left(\frac{1}{2} \right)^{\frac{t}{T}}$$

で与えられるものとする。

1　58 日

2　60 日

3　63 日

4　65 日

5　68 日

解説

与えられた公式において $\frac{N}{N_0} = \frac{1}{6}$ となる時間を求めればよい。半減期は $T = 25$ なので，与えられた公式より，

$$\frac{1}{6} = \left(\frac{1}{2} \right)^{\frac{t}{25}}$$

両辺の常用対数をとって，

$$\log_{10} \frac{1}{6} = \log_{10} \left(\frac{1}{2} \right)^{\frac{t}{25}} = \frac{t}{25} \log_{10} \frac{1}{2}$$

ここで，

$$\log_{10} \frac{1}{6} = -\log_{10} 6 = -(\log_{10} 2 + \log_{10} 3) = -0.78$$

$$\log_{10} \frac{1}{2} = -\log_{10} 2 = -0.30$$

となるので，

$$t = 25 \times \frac{0.78}{0.30} = 65 \text{ 日}$$

正答　**4**

ポイント

半減期に関する問題は，原子物理としてはときどき出題されています。本問では対数計算も必要になりますが，難しい計算ではありません。

軽いばねの一端を天井に固定し，他端に小物体 P を取り付けると，ばねが自然長から 5.0×10^{-2} m 伸びてつりあった。その後，P を鉛直方向に少しだけ引っ張り静かに放すと，P は鉛直方向に単振動した。この単振動の角振動数として最も妥当なのはどれか。

ただし，重力加速度の大きさを $9.8\,\mathrm{m/s^2}$ とする。

1 7.0 rad/s

2 10 rad/s

3 14 rad/s

4 17 rad/s

5 21 rad/s

解説

小物体 P の質量を m，ばね定数を k とすると，力のつりあいから，

$$m \times 9.8 = k \times 5.0 \times 10^{-2}$$

$$\therefore \quad \frac{k}{m} = \frac{9.8}{5.0 \times 10^{-2}} = 196\,[\mathrm{s^{-2}}]$$

ここで求める単振動の角振動数 ω は，ばね振り子の公式より，

$$\omega = \sqrt{\frac{k}{m}} = \sqrt{196} = \sqrt{14^2} = 14\,\mathrm{rad/s}$$

正答 **3**

ポイント

「ばね振り子の角振動数を知っていますか」という問題です。質量とばね定数の値は別々に求めることはできません。

速さがともに 1.0 m/s，振動数がともに 5.0 Hz で振幅の等しい 2 つの正弦波が一直線上を互いに逆向きに進んで重なり，定常波（定在波）をつくっている。この定常波の隣り合う腹と腹の間隔として最も妥当なのはどれか。

1　0.10 m

2　0.20 m

3　0.40 m

4　0.50 m

5　5.0 m

解 説

　定常波の波長は，もとの波の波長と同じである。したがって，波の公式より，求める波長 λ は，

$$\lambda = \frac{1.0}{5.0} = 0.20$$

である。ところで，1 波長の中には 2 つの腹があるため，腹と腹の間隔は波長の半分で，

　　$0.20 \div 2 = 0.10$〔m〕

正答　1

ポイント

　定常波に関する問題は，過去には弦や管の固有振動として出題されることが多く見られました（『公務員試験　技術系　新スーパー過去問ゼミ　工学に関する基礎（数学・物理)』〈実務教育出版〉p.322，330 を参照)。本問では，波長が与えられていないので，波に関する次の公式を使っています。

　　$v = f\lambda$　　（v：波の速さ，f：波の振動数，λ：波長）

体積が変えられる容器に理想気体が閉じ込められている。この気体を，右に示す温度と体積のグラフのように，A → B → C → D → A のサイクルでゆっくりと状態変化させた。このとき，このサイクルの体積と圧力の関係を表したグラフとして最も妥当なのはどれか。

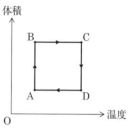

1

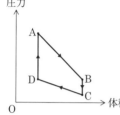

2

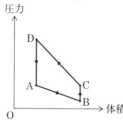

3

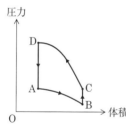

4

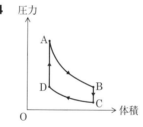

5

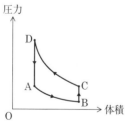

解説

A → B と C → D は等温変化で，温度は C → D のほうが大きい。ここで，圧力を P，体積を V，物質量を n，気体定数を R，絶対温度を T とすると，状態方程式

$PV = nRT$

が成り立つが，等温変化では T が一定なので，圧力 P と体積 V は反比例の関係となる。これが表されているのは選択肢 **4** と **5** である。一般に反比例の方程式

$xy = c$ （c は定数）

においては，定数 c が大きいとグラフは原点から離れるので，この場合，温度が大きい C → D のほうが原点から離れている必要がある。これを正しく表しているのは **5** である。

正答 **5**

ポイント

熱力学の P-V 線図に関する基本問題です。過去にもこれを題材とした問題は多く出題されています（『公務員試験　技術系　新スーパー過去問ゼミ　工学に関する基礎（数学・物理）』〈実務教育出版〉p.307, 308 などを参照）。本問では，設問中に「温度 – 体積図」という見慣れない図が登場しますが，要するに等温変化と定積変化が読み取れればよいのです。

図のような∠ACB = 90°の直角二等辺三角形 ABC があり，辺 AC および辺 BC の長さはともに l である。点 A に電気量 Q $(Q > 0)$，点 B に電気量 $-Q$ の点電荷をそれぞれ置いたとき，点 C における電場の強さとして最も妥当なのはどれか。

ただし，クーロンの法則の比例定数を k とする。

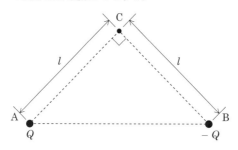

1 0

2 $\dfrac{\sqrt{2}kQ}{l^2}$

3 $\dfrac{2kQ}{l^2}$

4 $\dfrac{\sqrt{2}kQ}{l}$

5 $\dfrac{2kQ}{l}$

A（Q）がつくる電場の強さを E とする。電場は正の電荷から出ていく方向，負の電場には入る方向なので，下図のようになる（距離と電荷の大きさが同じなので，ともに大きさは等しく E となる）。

クーロンの法則から，

$$E = k\frac{Q}{l^2}$$

である。

ベクトル和が求める点 C の電場の強さは E' であり，2 つの電場のなす角度が直角なので，

$$E' = \sqrt{2}E = \frac{\sqrt{2}kQ}{l^2}$$

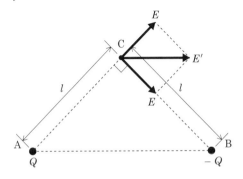

正答 **2**

電場（電界）の基本的な計算問題です。電場の意味がわかりにくいようなら，「点 C に $+1[C]$ の電荷を置いたときに，置いた電荷にはたらく力のこと」と覚えておくとよいでしょう。

類題は何度か出題されていますが，代表的なものとして平成 28 年度国家総合職 No.17（『公務員試験　技術系　新スーパー過去問ゼミ　工学に関する基礎（数学・物理）』〈実務教育出版〉p.366 に掲載）を挙げておきます。

図のような回路において, 抵抗値3Ωの抵抗で消費される電力をP_1とし, 回路全体で消費される電力をP_2とすると, $\dfrac{P_1}{P_2}$として最も妥当なのはどれか。

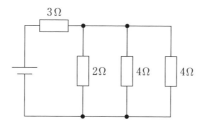

1 $\dfrac{1}{8}$

2 $\dfrac{1}{4}$

3 $\dfrac{1}{2}$

4 $\dfrac{3}{4}$

5 $\dfrac{7}{8}$

解説

電力 P は，電流を I，抵抗を R としたときに，

$P = I^2 R$

で表される。そこで，まずは縦になった3つの抵抗（2Ω と2つの4Ω）を合成する。この合成抵抗を R_0 とすると，合成公式から，

$$\frac{1}{R_0} = \frac{1}{2} + \frac{1}{4} + \frac{1}{4} = 1$$

∴ $R_0 = 1\Omega$

この様子を右下図に表す。このとき，回路に流れる電流はどこも共通（I）なので，電力は抵抗の比に等しい。したがって，

$$\frac{P_1}{P_2} = \frac{I^2 \times 3}{I^2 \times (3 + 1)} = \frac{3}{4}$$

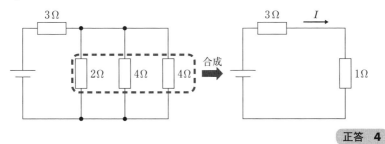

正答 **4**

ポイント

　非常に易しい回路の計算の問題で，確実に正答したいところです。

　並列合成する部分では「等しい2つの抵抗を並列合成すると，もとの1個の抵抗の半分になる」ことを知っていると，まず4Ωの2個を並列合成して2Ω。これで2Ωの抵抗2つになるので，さらに並列合成して1Ωとして暗算で計算することもできます。

79

図のように，半径 r の円形導線の中心 O から $2r$ 離れた位置に十分に長い直線導線 XY が
あり，XY には Y から X に向けて大きさ I の電流が流れている。ここで円形導線に電流を
流すと，O における磁場の強さが 0（ゼロ）になった。円形導線に流れている電流の向き
と大きさの組合せとして最も妥当なのはどれか。

　ただし，円形導線と直線導線は同一平面上にあるものとする。

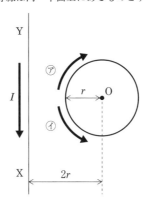

	向き	大きさ
1	㋐	$\dfrac{I}{2\pi}$
2	㋐	$\dfrac{I}{\pi}$
3	㋐	$2\pi I$
4	㋑	$\dfrac{I}{2\pi}$
5	㋑	$2\pi I$

解説

直線電流 I のつくる磁界は右ねじの法則より，O の位置には紙面手前から奥方向になる。

また，電流が㋐の向きに流れる場合と，㋑の向きに流れる場合についても同様に右ねじの法則で磁界の向きを調べると，下の破線矢印となる。ここで，O につくられる向きが奥から手前となり，I のつくる磁界を打ち消す方向になるのは㋐である。

次に，直線電流 I が O につくる磁界の大きさ H は，

$$H = \frac{I}{2\pi \cdot 2r} = \frac{I}{4\pi r}$$

また，円電流の大きさを I' とすると，円電流が中心につくる磁界 H' は，

$$H' = \frac{I'}{2r}$$

となる。

この 2 つが打ち消すためには，

$$\frac{I}{4\pi r} = \frac{I'}{2r}$$

$$\therefore \quad I' = \frac{I}{2\pi}$$

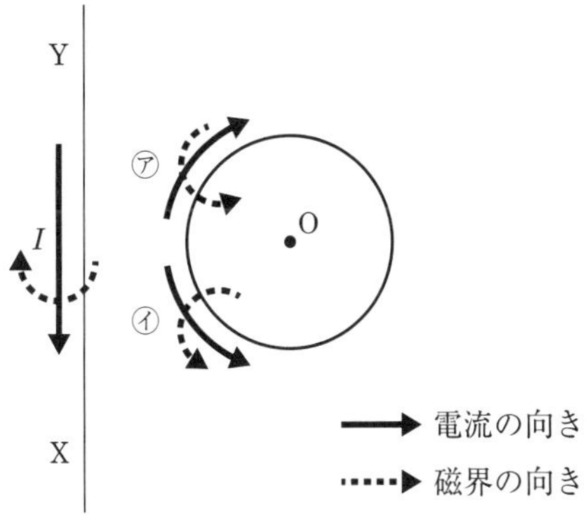

正答 1

ポイント

磁界についての問題です。向きについては，点 O から見て同じ左側の位置における向きが問われているので，電流 I と逆になることは容易に想像がついたかもしれません。ただ，大きさについては，円電流が中心につくる磁界の公式を知らないと解けません。これは過去には労働基準監督 B を除けば出題がなかったので，知らない受験生もいたのではないかと思います。

地方上級

●出題内訳表

No.	科目	出題内容
1		数列
2		整数
3	数学	平面図形
4		微分
5		フローチャート
6		2進数
7		等加速度運動
8	物理	仕事
9		ドップラー効果
10		半減期

| 地方上級 No.1 | 数学 | 数 列 | 令和5年度 |

数列の和に関する以下の文章の空欄のうち，空欄ア，ウに入るのはどれか。

「初項 $\frac{1}{4}$，公比 $\frac{1}{4}$ の等比数列の和 S_n を次のように定める。

$$S_n = \frac{1}{4} + \frac{1}{4^2} + \frac{1}{4^3} + \cdots + \frac{1}{4^n}$$

このとき，

$$\frac{1}{4}S_n = S_n + \boxed{\quad ア \quad}$$

となるので，S_n は，

$$S_n = \boxed{\quad イ \quad}$$

と求まる。したがって，初項 $\frac{1}{4}$，公比 $\frac{1}{4}$ の無限等比級数 S は，

$$S = \frac{1}{4} + \frac{1}{4^2} + \frac{1}{4^3} + \cdots = \boxed{\quad ウ \quad}$$

と求められる」

	ア	ウ
1	$\frac{1}{4^{n+1}} - \frac{1}{4}$	$\frac{1}{3}$
2	$\frac{1}{4^{n+1}} - \frac{1}{4}$	$\frac{3}{4}$
3	$\frac{1}{4^{n+1}} + \frac{1}{4}$	$\frac{1}{3}$
4	$\frac{1}{4^{n+1}} + \frac{1}{4}$	$\frac{1}{4}$
5	$\frac{1}{4^{n+1}} + \frac{1}{4}$	$\frac{3}{4}$

解説

文章中の最初の式の両辺を $\frac{1}{4}$ 倍して,

$$\frac{1}{4}S_n = \frac{1}{4^2} + \frac{1}{4^3} + \frac{1}{4^4} + \cdots + \frac{1}{4^n} + \frac{1}{4^{n+1}}$$

$$= -\frac{1}{4} + \left(\frac{1}{4} + \frac{1}{4^2} + \frac{1}{4^3} + \cdots + \frac{1}{4^n} \right) + \frac{1}{4^{n+1}}$$

$$= -\frac{1}{4} + S_n + \frac{1}{4^{n+1}}$$

これを整理して,

$$\frac{1}{4}S_n = S_n + \frac{1}{4^{n+1}} - \frac{1}{4}$$

したがって,$\frac{1}{4^{n+1}} - \frac{1}{4}$ が空欄アに入る。

上の式を S_n について解くと,

$$S_n - \frac{1}{4}S_n = \frac{3}{4}S_n = -\frac{1}{4^{n+1}} + \frac{1}{4}$$

$$\therefore \quad S_n = \frac{4}{3}\left(-\frac{1}{4^{n+1}} + \frac{1}{4} \right)$$

この式の右辺が空欄イに入る。最後に,この式で $n \to \infty$ の極限をとると $\frac{1}{4^{n+1}} \to 0$ となるので,

$$S = \frac{4}{3} \times \frac{1}{4} = \frac{1}{3}$$

この式の右辺が空欄ウに入る。

正答 **1**

ポイント

等比数列の和の公式を導出して極限をとるという問題です。空欄アは出題者の意図を読み取ることができるかがカギとなります。一方,空欄ウについては,誘導を無視して無限等比級数の公式

$$S = a(1 + r + r^2 + \cdots + r^n + \cdots) = \frac{a}{1-r} \quad (r \text{ は } |r| < 1 \text{ の公比,} a \text{ は初項})$$

に $r = \frac{1}{4}$,$a = \frac{1}{4}$ を代入しても求めることができますし,空欄アの入った式は $n \to \infty$ でも成立すると考えて,

$$\frac{1}{4}S = S - \frac{1}{4}$$

としても求めることができます $\left(\frac{1}{4^{n+1}} \to 0 \right)$。

正の整数 N を素因数分解して,

$\quad N = p_1^{\alpha_1} p_2^{\alpha_2} p_3^{\alpha_3} \cdots \quad (\alpha_1,\ \alpha_2,\ \alpha_3$ は正の整数$)$

となったとき,関数 $f(N)$ を

$\quad f(N) = p_1 p_2 p_3 \cdots$

と定義する。

$A = 18$,$B = 24$ とすると $f(A) = 6$,$f(B) = 6$ である。このとき,$f(A+B)$,$f(AB)$ の値として正しいのはどれか。

	$f(A+B)$	$f(AB)$
1	6	6
2	6	36
3	12	6
4	42	6
5	42	36

$A + B = 42 = 2 \cdot 3 \cdot 7$ なので,

$f(A + B) = 2 \cdot 3 \cdot 7 = 42$

次に,$A = 18 = 2 \cdot 3^2$,$B = 24 = 2^3 \cdot 3$ なので,

$f(AB) = f(2^4 \cdot 3^3) = 2 \cdot 3 = 6$

正答 **4**

ポイント

とらえどころのない問題ですが,「設問の意味がわかりますか」という問題なのでしょう。要するに,Nの素因数の積を答えればよいわけです。あまり考えすぎず,問われた $A + B$ と AB を計算して素因数分解してもよいと思います。軽率なミスだけは気をつけましょう。

三角比に関する次の文章中の空欄に当てはまる数値として正しいのはどれか。

「図の三角形 ABC において，辺 AC 上に点 D をとって二等辺三角形が 2 つできる
ようにすると，辺 AB の長さを求めることができる。ここで $a = \cos 67.5°$ とすると，
$a^2 = \boxed{}$ となることがわかる」

1 $\dfrac{\sqrt{2}-1}{4}$

2 $\dfrac{\sqrt{2}+1}{4}$

3 $\dfrac{2-\sqrt{2}}{4}$

4 $\dfrac{2+\sqrt{2}}{4}$

5 $\dfrac{2\sqrt{2}-1}{4}$

解 説

　文章のとおりに，AC 上に △BCD が直角二等辺三角形になるように点 D をとる。このとき，

　　　∠A = 90° − 67.5° = 22.5°

なので，△ABD も二等辺三角形になる。この様子を下図に示した。ここで BC = CD = 1 と置くと，BD = AD = $\sqrt{2}$ である。したがって，三平方の定理から，

　　　$AB^2 = AC^2 + BC^2 = (1 + \sqrt{2})^2 + 1^2 = 1 + 2\sqrt{2} + 2 + 1 = 4 + 2\sqrt{2}$

　ここで，

　　　$a^2 = \dfrac{BC^2}{AB^2} = \dfrac{1}{4 + 2\sqrt{2}} = \dfrac{2 - \sqrt{2}}{2(2 + \sqrt{2})(2 - \sqrt{2})} = \dfrac{2 - \sqrt{2}}{2(2^2 - 2)} = \dfrac{2 - \sqrt{2}}{4}$

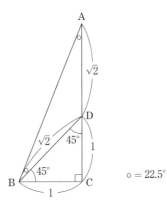

○ = 22.5°

正答　3

ポイント

　平面幾何の問題は最近よく出題されています。本問では，まずは文章中の誘導の意味がわかるかというところです。「二等辺三角形が 2 つ」というところを作図して見つけることが大切です。

　もっとも 67.5 = 135 ÷ 2 なので，半角の公式を使えば，

　　　$\cos^2 \dfrac{135°}{2} = \dfrac{1 + \cos 135°}{2} = \dfrac{1 - \dfrac{\sqrt{2}}{2}}{2} = \dfrac{2 - \sqrt{2}}{4}$

と簡単に求めることができます。

関数 $y = x^3 e^{-x}$ の最大値を求めよ。

1 $\dfrac{1}{8}e^{-\frac{1}{2}}$

2 e^{-1}

3 $\dfrac{27}{8}e^{-\frac{3}{2}}$

4 $8e^{-2}$

5 $27e^{-3}$

解説

　積の微分公式から,

$$f'(x) = (x^3)'e^{-x} + x^3(e^{-x})' = 3x^2e^{-x} - x^3e^{-x} = x^2(3-x)e^{-x}$$

となるので, 増減表は次のようになる。なお, $f'(0) = 0$ であるが, $f(0)$ は極値ではない。
また, $\displaystyle\lim_{x \to -\infty} f(x) = -\infty$, $\displaystyle\lim_{x \to \infty} f(x) = 0$

x	$\cdots$	0	$\cdots$	3	$\cdots$
$f'(x)$	$+$	0	$+$	0	$-$
$f(x)$	↗	0	↗	$27e^{-3}$	↘

　これより, 最大値は $27e^{-3}$ である。

正答　**5**

ポイント

　非常に簡単な微分の問題です。なお, 本問と類似の $f(x) = x^2e^{-x}$ について, 平成25年度地方上級 No.2 で出題されています（『公務員試験　技術系　新スーパー過去問ゼミ　工学に関する基礎（数学・物理）』〈実務教育出版〉p.83 に掲載）。

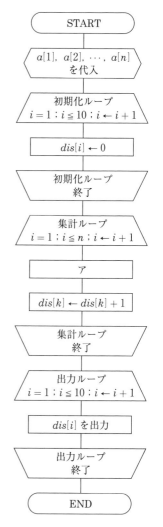

No. 5　数学　フローチャート　令和 5 年度

図のフローチャートは，n 人のテストの結果を配列 $a[1]$, $a[2]$, $a[3]$, $\cdots$, $a[n]$（いずれも 0 ～ 100 の整数）に格納したうえで，その結果を，

$dis[1]$ に 1 ～ 10 点の人数
$dis[2]$ に 11 ～ 20 点の人数
$\vdots$
$dis[10]$ に 91 ～ 100 点の人数

と整理して出力するものである。

空欄アに入る式として正しいのはどれか。

ただし，m/n は m を n で割った商を計算するものである。また，繰り返しの開始記号の中に，繰り返しの「初期条件：継続条件：増分値」を示している。

1　$k \leftarrow (a[i] + 1)/10$
2　$k \leftarrow a[i]/10$
3　$k \leftarrow a[i]/10 + 1$
4　$k \leftarrow (a[i] - 1)/10$
5　$k \leftarrow (a[i] - 1)/10 + 1$

空欄アは，集計ループの中にある。空欄アのすぐ下で「$dis[k] \leftarrow dis[k] + 1$」と配列 $dis[k]$ を増やす処理をしている。つまり，点数 $a[i]$ から入るべき k の値を計算する式が空欄アに入る。

いま，仮に $k = 1$ となる場合を考える。$a[i] = 1$，2，3，$\cdots$，10 の点数の人が $k = 1$ となるが，そのまま 10 で割ると，$a[i]/10 = 1/10$，$2/10$，$3/10$，$\cdots$，$10/10 = 0$，0，0，$\cdots 1$ となり，10 点の人だけ 1 となる。これでは困るので，点数から 1 を引いてから 10 で割ると，

$$(a[i] - 1)/10 = (1 - 1)/10, \quad (2 - 1)/10, \quad (3 - 1)/10 \cdots (10 - 1)/10 = 0, \ 0, \ 0, \ \cdots 0$$

とすべて 0 になる。これに 1 を加えれば，入れるべき $k = 1$ の値となる。

他も同様であるので，空欄アに入れるべき式は「$k \leftarrow (a[i] - 1)/10 + 1$」となる。

正答 **5**

ポイント

従来の傾向と異なり，アルゴリズムの内容について考えないといけない問題でした。ループ記号が使われるフローチャートも過去問にはほとんどないため，戸惑った受験生が多かったのではないでしょうか。解説では具体的な数字で調べています。もっと直接的には，たとえば $a[i] = 10$ を選択肢に代入すれば，**3**，**4** がうまくいかないことがすぐにわかりますし，$a[i] = 11$ を代入すれば，**1**，**2**，**4** がうまくいかないことがわかります（$a[i] = 11$ のときには $k = 2$ になる）。特に「変わり目を調べる」のはフローチャートでは常套手段です。

ちなみに，このフローチャートでは，0 点の人はどこにも数えられないことになります。

2進数の各位の 0 と 1 を反転したものを 1 の補数といい，1 の補数に 1 を加えたものを 2 の補数という。コンピュータでは負の数を表すのに 2 の補数が使われる。負の数に 2 の補数を使ったとき，4 ビットの 2 つの 2 進数の数の和 $(1010)_{(2)} + (0010)_{(2)}$ を 10 進数で表したのはどれか。

1 $(-6)_{(10)}$

2 $(-5)_{(10)}$

3 $(-4)_{(10)}$

4 $(4)_{(10)}$

5 $(5)_{(10)}$

解説 ━━━

　設問には明示されていないが，通常，コンピュータによる2の補数を使った数の表記では，「最上位のケタ（左端のケタ）が0のときは，正の数がそのまま2進数で表され，最上位のケタが1のときは，負の数が2の補数で表される」というルールがある。本問もこのルールに従って計算する。

　最初の $(1010)_{(2)}$ は，最上位のケタが1なので負の数が2の補数で表されている。

　2の補数は，「もとの数の0と1を反転」→「1を加える」という手順で計算されているので，この逆に「1を引く」→「0と1を反転」という作業をすればもとの数が復元できる。

　まず1を引く（「1つ小さい数にする」と考えるとよい）と，$(1010)_{(2)}$ は $(1001)_{(2)}$ となる。これを反転して $(0110)_{(2)}$ がもとの数である。これを1つにまとめると，

$$(1010)_{(2)} \rightarrow (1001)_{(2)} \rightarrow (0110)_{(2)}$$

になる。2進数の0110を10進数に直すと，

$$1 \times 2^2 + 1 \times 2^1 = (6)_{(10)}$$

となるので，この数は10進数の「－6」である。

　次に，$(0010)_{(2)}$ は最上位の数が0なので正の数である。これを10進数に直すと，

$$1 \times 2^1 = (2)_{(10)}$$

となる。つまり，これは10進数の「2」である。したがって，求める計算の答えは，

$$(-6)_{(10)} + (2)_{(10)} = (-4)_{(10)}$$

となる。

正答　**3**

ポイント

　2の補数については，情報系の勉強をしたことがない受験生には初耳だったことでしょう。設問で丁寧に説明されているように見えますが，解説の最初にあるとおり，大切な前提が書かれていません。そのため，知らなかった人は解くことができなかったかもしれません。解説にあるとおり，$(1010)_{(2)} = (-6)_{(10)}$ なので，仮に $(0010)_{(2)}$ も2の補数で表された負の数だと解釈してしまうと，選択肢に正答がありません（－6よりも小さい数になる）。

　なお，情報系が専門の受験生は，負の数で示された数をもとに戻すためには，解説のように手順をさかのぼらなくても，そのまま再び2の補数をとるだけでよいということを知っていたかもしれません。実際に計算すると，

$$(1010)_{(2)} \rightarrow (0101)_{(2)} \rightarrow (0110)_{(2)} = (6)_{(10)}$$

となります。最初の → では0と1を反転し，次の → では1を加えています。

水平な床から鉛直な壁に向かって上方に角度 θ で小球を打ち出したところ，2 秒後に壁に垂直に衝突した。このときの $\tan\theta$ と壁に衝突したときの小球の高さとして正しいのはどれか。

ただし，重力加速度の大きさを $9.8\,\mathrm{m/s^2}$ とする。

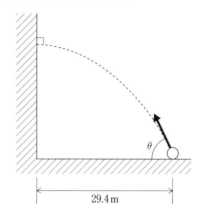

29.4 m

	$\tan\theta$	高さ
1	$\dfrac{2}{3}$	14.7 m
2	$\dfrac{2}{3}$	19.6 m
3	$\dfrac{4}{3}$	14.7 m
4	$\dfrac{4}{3}$	19.6 m
5	$\dfrac{1}{4}$	14.7 m

　初速度の水平成分を v_x，鉛直成分を v_y とする。2秒で壁に到達しているので，水平成分については，

$$v_x = \frac{29.4}{2} = 14.7 \,[\mathrm{m/s}]$$

　続いて，壁に到達したときに，速度の鉛直方向成分が0になっているので（したがって壁に垂直，つまり，水平方向に衝突する），等加速度運動の公式より，

$$0 = -9.8 \times 2 + v_y$$

$$\therefore \quad v_y = 19.6 \,[\mathrm{m/s}]$$

したがって，

$$\tan\theta = \frac{v_y}{v_x} = \frac{19.6}{14.7} = \frac{4}{3}$$

このときの高さ y は，等加速度運動の公式から，

$$y = -\frac{9.8}{2} \times 2^2 + 19.6 \times 2 = 19.6 \,[\mathrm{m}]$$

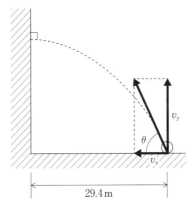

29.4 m

正答　**4**

ポイント

　やや難しめの等加速度運動の問題です。初速度の水平成分がすぐに求まることに気づくことが大切ですが，前の2問がかなり難しかったため，本問も落ち着いて設問を読めなかったかもしれません。

　なお，$29.4 = 3 \times 9.8 = 3g\ (g = 9.8)$ に気づくと，少し計算が楽になります。

水平で粗い床の上に 40 kg の物体がある。物体と床の間の動摩擦係数は 0.25 である。物体に水平方向に力を加え，一定速度で動かしたところ，7 秒で 8 m 動いた。このときの仕事率を求めよ。

　ただし，重力加速度の大きさを $9.8\,\mathrm{m/s^2}$ とする。

1　7 W

2　14 W

3　49 W

4　98 W

5　112 W

解説

　物体に働く動摩擦力は，

　　$40 \times 9.8 \times 0.25 = 98$ 〔N〕

である。また，物体の速さは $\dfrac{8}{7}$ m/s である。したがって，求める仕事率は，

　　$98 \times \dfrac{8}{7} = 112$ 〔W〕

正答　**5**

ポイント

　「仕事率の計算公式を知っていますか」という非常に易しい問題です。仕事率とは
1 秒当たりの仕事のことで，本問のように一直線上に運動する場合には，

　　$(仕事率) = \dfrac{(仕事)}{(時間)} = \dfrac{(力) \times (距離)}{(時間)} = (力) \times (速さ)$

のいずれかで計算できます。ここでは一番最後の式を使っています。

波に関する次の文章の空欄エ，オに当てはまる式はどれか。

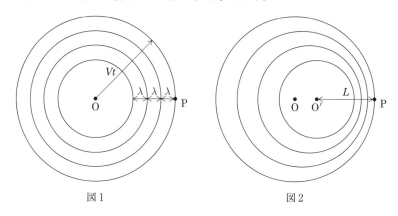

図1　　　　　　　　　　　　　　図2

「水面を伝わる波を移動しない点 P で観測することを考える。ただし，波が発生した瞬間の波源 O と観測点 P の距離は Vt で表されるとする。

　波源 O が移動しない場合，図1のように波の山を連ねた線は同心円を描き，波の速さ V，振動数 f，波長 λ の間には　ア　の関係式が成り立つ。

　次に波源 O が等速度 v（$<V$）で P に向かって移動している場合は図2のようになる。この場合，波源 O は $t[s]$ で O から O′ まで距離　イ　だけ動いているので，$L =$　ウ　となる。ここで $t[s]$ の間に発生する $N = ft$ 個の波がこの中に入っているので，P で観測される波の波長 λ' は $\lambda' = \dfrac{L}{N} =$　エ　となる。したがって，P で観測される波の振動数 f' は　オ　と表される」

	エ	オ
1	$\left(1 - \dfrac{v}{V}\right)\lambda$	$\dfrac{V - v}{V}f$
2	$\left(1 - \dfrac{v}{V}\right)\lambda$	$\dfrac{V}{V - v}f$
3	$\dfrac{V}{V + v}\lambda$	$\dfrac{V}{V + v}f$
4	$\dfrac{V}{V + v}\lambda$	$\dfrac{V}{V - v}f$
5	$\dfrac{V}{V + v}\lambda$	$\dfrac{V + v}{v}f$

速さ V，振動数 f，波長 λ の間には，

$V = f\lambda$

の関係が成り立つ。これが空欄アに入る。

次に，波源の速さが v なので，時間 t の間に vt だけ動いている。これが空欄イに入る。したがって，図から $\mathrm{OP} = Vt$ であることと合わせて，

$L = \mathrm{OP} - \mathrm{OO}' = Vt - vt = (V - v)t$

となる。これが空欄ウに入る。

この中に $N = ft$〔個〕の波が入るので，求める波長は，

$$\lambda' = \frac{L}{N} = \frac{(V - v)t}{ft} = \frac{V - v}{f}$$

ここで，空欄アに入れた関係式から $\dfrac{1}{f} = \dfrac{\lambda}{V}$ なので，

$$\lambda' = \frac{V - v}{f} = \frac{V - v}{V}\lambda = \left(1 - \frac{v}{V}\right)\lambda$$

これが空欄エに入る。

最後に，この波の速さも V なので，空欄アの公式より，

$$f' = \frac{V}{\lambda'} = \frac{V}{V - v} \cdot \frac{V}{\lambda} = \frac{V}{V - v}f$$

これが空欄オに入る。

正答 **2**

ポイント

　ドップラー効果の公式の導出を誘導に従って行う問題です。有名な題材で，空欄ウまでは一本道ですが，空欄エ，オは空欄アの公式を利用するなどして，見通しよく計算する必要があるため，誘導どおりに解くのは易しくなかったかもしれません。

　もっとも，ドップラー効果の公式は知っていたでしょうから，公式を使えば，すぐに空欄オが $\dfrac{V}{V - v}f$ であることはわかったでしょう。次に $V = f'\lambda'$ の公式を使えば空欄エも求まります。こちらのほうが，短時間で問題を解く場合には有利だったと思われます。

原子 A と原子 B がある瞬間に同じ個数ある。A の半減期が 10 時間，B の半減期が 20 時間のとき，60 時間後の A と B の原子個数の比（A：B）はいくらか。

1 1：3

2 1：8

3 1：12

4 1：16

5 1：32

解説

半減期が経過するたびに原子個数が $\frac{1}{2}$ となる。したがって，半減期を N 回経過すると，原子個数は，

$$\frac{1}{2} \times \frac{1}{2} \times \cdots \times \frac{1}{2} = \frac{1}{2^N}$$

となる。

これを踏まえると，60 時間では A は半減期を 6 回，B は半減期を 3 回経過している。最初の原子個数が等しいので，求める原子個数の比は，

$$\frac{1}{2^6} : \frac{1}{2^3} = 1 : 8$$

正答 **2**

ポイント

原子物理の問題は，地方上級では平成 28 年度試験の No.10 以来 7 年ぶりでしたが，そのときも半減期が出題されていました。また，地方上級試験の 1 週間前に実施された国家一般職［大卒］の No.14 でも半減期の問題が出題されていました。

原子物理は，地方上級では出題頻度は低いのですが，出題されるときには典型的で素直な問題が多いため，過去問や問題集を見ておくとよいでしょう。

令和４年度

国家総合職

●出題内訳表

工学区分 の No.	科目	出題内容	数理科学・ 物理・地球科学 区分の No.	化学・生物・ 薬学区分 の No.	デジタル区分 の No.
1	数学	不定方程式			1
2		無理数	1	11	2
3		空間座標	2		3
4		関数方程式	37	12	4
5		積分	3		5
6		確率	4	1	6
7		行列式	8		7
8		フローチャート	5	13	8
9		独立試行の確率			9
10	物理	運動量保存則, エネルギー保存則	16	14	
11		モーメントのつりあい	71		
12		ばねの運動		2	
13		運動方程式	67		
14		気体の混合	17		
15		弦の固有振動		15	
16		屈折	18		
17		電界と磁界	19		
18		コンデンサ		16	53
19		ダイオード回路	77		55
20		コンデンサ回路			56

$1 \leqq x < y < z$ および $2x + 3y + 5z = 33$ をともに満たす整数の組 (x, y, z) はいくつあるか。

1　1 個

2　2 個

3　3 個

4　4 個

5　なし

解説 ●━━

与えられた条件 $1 \leqq x < y < z$ と，x，y が整数であることより，$x \geqq 1$，$y \geqq 2$ なので，

$$33 = 2x + 3y + 5z \geqq 2 + 6 + 5z = 8 + 5z \qquad \therefore \quad z \leqq 5$$

また，

$$33 = 2x + 3y + 5z < 2z + 3z + 5z = 10z \qquad \therefore \quad z > 3.3$$

これより，$z = 4$，5 となる。以上を踏まえて場合分けをする。この時点で組合せが少ないため，場合分けの先では，全部の場合を調べていく。

場合1：$z = 5$ のとき

このとき，

$$2x + 3y = 33 - 5 \cdot 5 = 8$$

となる。このとき $y = 2$ しかあり得ず，

$$y = 2 \rightarrow x = \frac{8 - 6}{2} = 1$$

場合2：$z = 4$ のとき

このとき，

$$2x + 3y = 33 - 5 \cdot 4 = 13$$

となる。$y = 2$，3 について調べて，

$$y = 2 \rightarrow x = \frac{13 - 6}{2} = 3.5 \ （不適）$$

$$y = 3 \rightarrow x = \frac{13 - 9}{2} = 2$$

以上から求める整数の組は，$(x, y, z) = (1, 2, 5)$，$(2, 3, 4)$ の2個である。

正答 **2**

┌─ **ポイント** ─────────────────────────────────────

例年，No.1 は易しい問題が多いのですが，この年も「軽くウォーミングアップしてください」という問題でした。また，No.1 は整数問題の出題が比較的多いといえますが，この年のテーマも不定方程式でした。多少解法にバリエーションはあるかもしれませんが，数値が小さいため，どこかで全部の場合を調べるつもりでいたほうが，短時間で解くことができたでしょう。

解説では，不等式を使って調べる範囲を狭めています。本試験では，範囲を絞るのにあまり考えすぎず，思いつく範囲である程度絞ってしまって「あとは全部調べればよい」と割り切って場合分けをしてくのが早いでしょう。

たとえば，条件の $z \leqq 5$ だけ計算して，$z = 3$，4，5 の3通りを調べる方法や，もっと単純に，$5z < 33$ から，$z \leqq 6$ として $z = 3$，4，5，6 の4通りを調べる方法も，それほど手間は増えません。いずれにしても，確実に正答したい問題です。

└───

$\sqrt[3]{\sqrt{5}+2} - \sqrt[3]{\sqrt{5}-2}$ はいくらか。

1　1

2　$\sqrt[3]{2}$

3　$\sqrt{2}$

4　$\sqrt[3]{4}$

5　2

解　説

$a = \sqrt[3]{\sqrt{5}+2},\ b = \sqrt[3]{\sqrt{5}-2}$ と置く。

このとき，

$$ab = \sqrt[3]{(\sqrt{5}+2)(\sqrt{5}-2)} = \sqrt[3]{1} = 1$$

$$a^3 - b^3 = (\sqrt{5}+2) - (\sqrt{5}-2) = 4$$

が成立する。ここで，

$$(a-b)^3 = a^3 - 3a^2b + 3ab^2 - b^3 = a^3 - b^3 - 3ab(a-b)$$

であり，$x = a - b$ と置いて上の数値を代入すると

$$x^3 = 4 - 3x$$

これを整理すると，

$$x^3 + 3x - 4 = (x-1)(x^2+x+4) = 0$$

これを解くと，

$$x = 1,\ \frac{-1 \pm \sqrt{15}i}{2} \quad (i = \sqrt{-1})$$

実数となるのは $x = 1$ のみである。

正答　**1**

ポイント

　No.1とは打って変わって非常に難しい問題です。例年，No.2の難易度はNo.1よりは高いのですが，極端に難しいこともあると覚悟しておくとよいでしょう。

　解説で用いた解法は，簡単に解けているように見えますが，$(a-b)^3$ を計算するというところで発想力を要求されます。短い時間では難しかったでしょう。

　一方，考えることをあきらめて最初から適当に数値を当てはめることも現実的だったかもしれません。$1.6^3 = 4.096$，$0.6^3 = 0.216$ から，$\sqrt[3]{\sqrt{5}+2} \fallingdotseq \sqrt[3]{4.236} \fallingdotseq 1.6$，$\sqrt[3]{\sqrt{5}-2} \fallingdotseq \sqrt[3]{0.236} \fallingdotseq 0.6$ と見当をつければ，その差が1であることは目算できます。選択肢 **2** の値が気になるかもしれませんが，$\sqrt[3]{2} \fallingdotseq 1.26$ であり，こちらも $1.2^3 = 1.728$，$1.3^3 = 2.197$ から見当をつければ **1** が正答だろうとわかったと思います。

xyz 空間内で $(0, 0, 3)$ を中心とし，球 $x^2 + y^2 + z^2 = 1$ と接する大小2つの球をそれぞれ S_1，S_2 とする。また，yz 平面に平行な平面 $x = \sqrt{3}$ を α とする。S_1，S_2 と平面 α が交わってできる円をそれぞれ C_1，C_2 とするとき，平面 α 上の C_1，C_2 で挟まれた部分の面積はいくらか。

1 4π　　**2** 6π　　**3** 8π
4 10π　　**5** 12π

解説

S_1 は，点 $(0, 0, -1)$ で接する半径4の球，S_2 は，点 $(0, 0, 1)$ で接する半径2の球となる。

この2つの球は中心が同じなので，1つの平面で切断すると，できる切り口は同心円となる。そこでその半径を求める。S_1 との切り口の円の半径を r_1，S_2 との切り口の半径を r_2 とする。

このとき，求める面積は，右図のグレー部分で，その面積 S は，

$$S = \pi(r_1^2 - r_2^2)$$

一方，三平方の定理より，

$$r_1^2 = 4^2 - (\sqrt{3})^2 = 13$$
$$r_2^2 = 2^2 - (\sqrt{3})^2 = 1$$

したがって，求める面積は，

$$S = \pi(13 - 1) = 12\pi$$

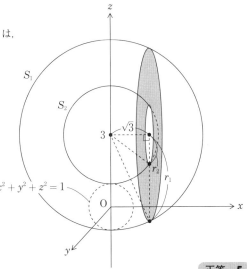

正答 **5**

ポイント

久々に出題された空間座標の問題で，戸惑った受験生も多かったと思いますが，解いてみると，球と平面の交わりの円を利用した問題で，従来から何度も出題されていた典型問題でした。この場合，球の中心から平面に垂線を下ろして直角三角形を考えることが定石で，本問もそれで解くことができます。設問に図がありませんが，z 軸を高さと考えて，簡単な図をかくと，イメージしやすかったでしょう。

$f(x)$ はすべての実数 x に対して微分可能な関数である。$f(x)$ の導関数 $f'(x)$ が $f'(0) = 0$ を満たし，さらに，すべての実数 y, z に対して

$$f(y - z) - f(y)f(z) = \sin y \sin z$$

を満たすとき，導関数 $f'(y)$ として正しいのはどれか。

1 $\quad -\sin y$

2 $\quad \sin y$

3 $\quad 1 - \cos y$

4 $\quad -1 + \cos y$

5 $\quad \sin 2y$

解説

与えられた等式の両辺を y で微分すると，

$$f'(y - z) \times \frac{d(y - z)}{dy} - f'(y)f(z) = f'(y - z) - f'(y)f(z) = \cos y \sin z$$

ここで $z = y$ として $f'(0) = 0$ に注意すると，

$$f(y)f'(y) = -\cos y \sin y \quad \cdots\cdots ①$$

ここで，

$$\frac{d}{dy}\{f(y)\}^2 = 2f(y)f'(y)$$

と，

$$-\int \cos y \sin y\, dy = \frac{1}{2}(\cos^2 y + C) \quad (C は積分定数)$$

であることに注意して，①を積分すると，

$$\{f(y)\}^2 = \cos^2 y + C$$

設問の式に $y = z = 0$ を代入すると，

$$f(0) - \{f(0)\}^2 = 0$$

$$\therefore \quad f(0) = 0,\ 1$$

したがって，

$$\{f(0)\}^2 = 1 + C = 0,\ 1$$

よって，$C = 0,\ -1$ となる。しかし，$C = -1$ のときには，

$$\{f(y)\}^2 = \cos^2 y - 1 = -\sin^2 y$$

となるので不適である。これより，$C = 0$ なので，

$$f(y) = \pm \cos y$$

そのまま複号を付けて計算すると，

$$f(y - z) = \pm \cos(y - z) = \pm \cos y \cos z \pm \sin y \sin z$$

$$f(y)f(z) = \cos y \cos z$$

となるので，

$$f(y - z) - f(y)f(z) = \sin y \sin z$$

となるためには $f(y) = \cos y$ でなければならない。これを微分して，

$$f'(y) = -\sin y$$

正答 **1**

ポイント

　関数方程式の問題は最近はときどき出題がありますが，これはその中でもかなり解きにくい問題といえるでしょう。ただし，実戦的には答えを簡単に推測することもできます。

　このような関数方程式の問題は，もととなる公式が存在することがあります。この問題では，与えられた式を

$$f(y - z) = f(y)f(z) + \sin y \sin z$$

と変形してみると，加法定理

$$\cos(y - z) = \cos y \cos z + \sin y \sin z$$

と同じ形であることに気づきます。そこで $f(y) = \cos y$ とすると，$f'(y) = 0$ も満たすので，選択肢 **1** が正答であるとわかります（これがすべての条件を満たすことが確認できます）。これであれば短時間で正答を選べます。解けるとしたらこのように考えた場合でしょう。

$a_n = \displaystyle\int_0^1 x(1-x)^{n-1}dx$ であるとき，$\displaystyle\sum_{n=1}^{\infty} a_n$ はいくらか。

1 $\dfrac{1}{2}$

2 1

3 $\dfrac{3}{2}$

4 2

5 ∞

まずは積分を実行する。そのために $1 - x = y$ と置換すると，$-dx = dy$ であり，x が $0 \to 1$ と変化するとき，y は $1 \to 0$ と変化するので，

$$a_n = \int_1^0 (1 - y) y^{n-1} (-dy)$$

$$= \int_0^1 (y^{n-1} - y^n) \, dy$$

$$= \left[\frac{1}{n} y^n - \frac{1}{n+1} y^{n+1} \right]_0^1$$

$$= \frac{1}{n} - \frac{1}{n+1}$$

したがって，

$$\sum_{n=1}^{k} a_n = \left(1 - \frac{1}{2}\right) + \left(\frac{1}{2} - \frac{1}{3}\right) + \left(\frac{1}{3} - \frac{1}{4}\right) + \cdots + \left(\frac{1}{k} - \frac{1}{k+1}\right)$$

$$= 1 - \frac{1}{k+1}$$

よって，

$$\sum_{n=1}^{\infty} a_n = \lim_{k \to \infty} \left(1 - \frac{1}{k+1}\right) = 1$$

正答 **2**

ポイント

見た目はかなり複雑そうですが，簡単に積分が実行でき，極限も容易に計算できるため，本試験では解きたい問題です。すると，置換積分が思いつけるかというところがポイントとなりますが，この置換積分は令和3年度国家総合職 No.5 でも出題されています（その他，国家一般職［大卒］でも出題されました）。そのため，過去問を研究していれば，確実に解ける問題といえます。

なお，積分する関数に注目すると，$x(1-x)^{n-1}$ は初項 x，公比 $1-x$ の等比数列と見ることもできます。すると，等比数列の和の公式より，

$$\sum_{n=1}^{k} a_n = \int_0^1 \frac{x\{1 - (1-x)^k\}}{1 - (1-x)} \, dx = \int_0^1 \{1 - (1-x)^k\} \, dx$$

となります。これを積分してもよいですし，$0 \leqq 1 - x \leqq 1$ より $(1-x)^k$ の部分は 0 になるだろうと推測して，

$$\sum_{n=1}^{\infty} a_n = \int_0^1 dx = 1$$

と類推もできます（正しくは，はさみ打ちを使う）。

赤玉 3 個と白玉 3 個が入った袋がある。この袋に対し，次の(i)，(ii)からなる一連の操作を 2 回行ったとき，袋の中の赤玉の個数が 3 個となる確率はいくらか。

操作：

　(i)　袋から 2 個の玉を同時に無作為に取り出す。

　(ii)　(i)の 2 個の玉が色違いであれば，取り出した玉をそのまま袋に戻し，同じ色であれば，取り出した玉の色とは異なる色（赤または白）の 2 個の玉を袋に入れる。

1　$\dfrac{37}{75}$

2　$\dfrac{8}{15}$

3　$\dfrac{43}{75}$

4　$\dfrac{3}{5}$

5　$\dfrac{47}{75}$

　最初にどのように取り出したのかによって場合を分ける。なお，以下では(i)において，「同時」ではなく「順番に」取り出したと考えて計算していく。玉を戻さないのであれば，同じことになる。

場合1：最初に白，赤1つずつ出た場合

　1回目に白，赤が1つずつ出る場合の確率は，2個目に取り出した玉が1個目と異なる玉であればよいので$\frac{3}{5}$である。2回目も同じように，白赤1つずつ出ればよいので，

$$\frac{3}{5} \times \frac{3}{5} = \frac{9}{25}$$

場合2：最初に白が2つ出る場合

　1回目に白が2つ出る確率は，

$$\frac{3}{6} \times \frac{2}{5} = \frac{1}{5}$$

である。この場合，袋には赤玉5個，白玉1個が入っている。2回目は赤玉が2個出れば，代わりに白玉2個が入るので，袋の中の赤玉の個数が3個になる。2回目に赤玉2個が出る確率は，

$$\frac{5}{6} \times \frac{4}{5} = \frac{2}{3}$$

　したがって，このようになる確率は，

$$\frac{1}{5} \times \frac{2}{3} = \frac{2}{15}$$

場合3：最初に赤が2つ出る場合

　この場合は赤玉と白玉が逆になっただけであり，最初に赤玉と白玉が同じ3個ずつあったことを考えれば，場合2と同じ確率$\frac{2}{15}$となる。

　以上を合計して，求める確率は，

$$\frac{9}{25} + 2 \times \frac{2}{15} = \frac{47}{75}$$

正答　**5**

ポイント

　操作が繰り返される問題は近年よく出題されています。その多くが「一見複雑だがよく調べると場合が限られている」というものですが，この問題に限っていえば，設問を読めば単純な操作の問題だと気づけるでしょう。確実に解きたい問題です。

行列式

$$\det \begin{pmatrix} 1 & 1 & 1 \\ a & b & c \\ a^3 & b^3 & c^3 \end{pmatrix}$$

と等しいのは次のうちではどれか。

1 $abc(a-b)(b-c)(c-a)$

2 $abc(a+b+c)$

3 $abc(a^2+b^2+c^2)$

4 $(a-b)(b-c)(c-a)(a+b+c)$

5 $(a-b)(b-c)(c-a)(a^2+b^2+c^2)$

解 説

解法1：サラスの方法で展開して因数分解する

与えられた行列式をサラスの方法で展開すると，

$$\begin{vmatrix} 1 & 1 & 1 \\ a & b & c \\ a^3 & b^3 & c^3 \end{vmatrix} = bc^3 + ca^3 + ab^3 - ba^3 - cb^3 - ac^3$$

a について降べきの順に並べ変えると，

$$(c-b)a^3 - (c^3-b^3)a + bc^3 - cb^3 = (c-b)a^3 - (c-b)(c^2+bc+b^2)a + bc(c-b)(c+b)$$
$$= (c-b)(a^3 - ac^2 - abc - ab^2 + bc^2 + b^2c)$$

続いて2つ目の（ ）について c について降べきの順に並べると，

$$(b-a)c^2 + (b^2-ab)c + a^3 - ab^2 = (b-a)c^2 + b(b-a)c - a(b-a)(b+a)$$
$$= (b-a)(c^2 + bc - a(b+a))$$

この2つ目の（ ）についても

$$c^2 + bc - a(b+a) = c^2 - a^2 + b(c-a)$$
$$= (c-a)(a+b+c)$$

以上から，求める行列式は，

$$(c-b)(b-a)(c-a)(a+b+c) = (a-b)(b-c)(c-a)(a+b+c)$$

解法2：行列式の性質を利用する

行列式はある列から別の列を足し引きしても値が変わらない。また，行（列）に共通因数がある場合，それでくくってよい。

そこで，第1列から第2列を引き，第2列から第3列を引くと，

$$\begin{vmatrix} 1 & 1 & 1 \\ a & b & c \\ a^3 & b^3 & c^3 \end{vmatrix} = \begin{vmatrix} 0 & 0 & 1 \\ a-b & b-c & c \\ a^3-b^3 & b^3-c^3 & c^3 \end{vmatrix}$$

第1列から $a-b$，第2列から $b-c$ をくくり出して，

$$\begin{vmatrix} 0 & 0 & 1 \\ a-b & b-c & c \\ a^3-b^3 & b^3-c^3 & c^3 \end{vmatrix} = (a-b)(b-c)\begin{vmatrix} 0 & 0 & 1 \\ 1 & 1 & c \\ a^2+ab+b^2 & b^2+bc+c^2 & c^3 \end{vmatrix}$$

ここで，第1行について展開すると，

$$(a-b)(b-c)\begin{vmatrix} 1 & 1 \\ a^2+ab+b^2 & b^2+bc+c^2 \end{vmatrix} = (a-b)(b-c)(c^2-a^2+b(c-a))$$
$$= (a-b)(b-c)(c-a)(a+b+c)$$

正答 **4**

ポイント

3次正方行列の行列式の計算問題は，令和元年度国家総合職 No.7 で出題されて以来となります。出題頻度が高いため，用意しておくべき問題といえます。

ここでは解法を2つ用意しました。解法1で臨んだ受験生が多いと思います。この場合，因数分解できるかどうかがポイントとなりそうですが，実際には展開してみれば「4次式であること」から選択肢 **2**，**4** のいずれかしかなく，abc でくくれないのは明白ですから，因数分解しなくてもすぐに正答がわかります。解法2は，行列式の性質を利用したものです。こちらも，実際に計算しなくても，同じ理由で $c-a$ がくくり出せることがわかるので，この時点で $(a-b)(b-c)(c-a)$ でくくれることがわかります。あとは4次式であることから正答肢が選べます。こちらは，平成29年度国家総合職 No.7 に出題されたヴァンデルモンドの行列式の計算方法として知られています。その他，$a=b$ とすると，行列式の値が0になることが見てとれる人は，すぐに $a-b$（したがって $b-c$，$c-a$ も）でくくり出せることに気づいたことでしょう。

なお，解説の途中で因数分解

$x^3 - y^3 = (x-y)(x^2 + xy + y^2)$

を使っています。

国家総合職

工学，数理科学・物理・地球科学，化学・生物・薬学，デジタル

No. 8 数学 フローチャート 令和4年度

図Ⅰのような1辺の長さ1の正方形と半径1で中心角90°の扇形を考える。図Ⅱは，図Ⅰの正方形内にランダムにN個の点を散布した際に，N個に対する扇形内の点の個数の比を用いて，円周率πの近似値を出力するフローチャートである。図Ⅱ中の㋐，㋑に当てはまるものの組合せとして最も妥当なのは次のうちではどれか。

ただし，Nを十分大きな正の整数とする。また，rand(0, 1) は，0以上1未満の実数の一様乱数を生成する操作を表す。

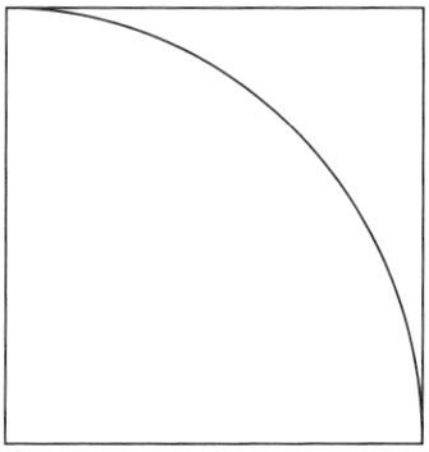

図Ⅰ

	㋐	㋑
1	$a^2+b^2=1$	$\dfrac{c}{4N}$
2	$a^2+b^2=1$	$\dfrac{c}{N}$
3	$a^2+b^2<1$	$\dfrac{c}{4N}$
4	$a^2+b^2<1$	$\dfrac{c}{N}$
5	$a^2+b^2<1$	$\dfrac{4c}{N}$

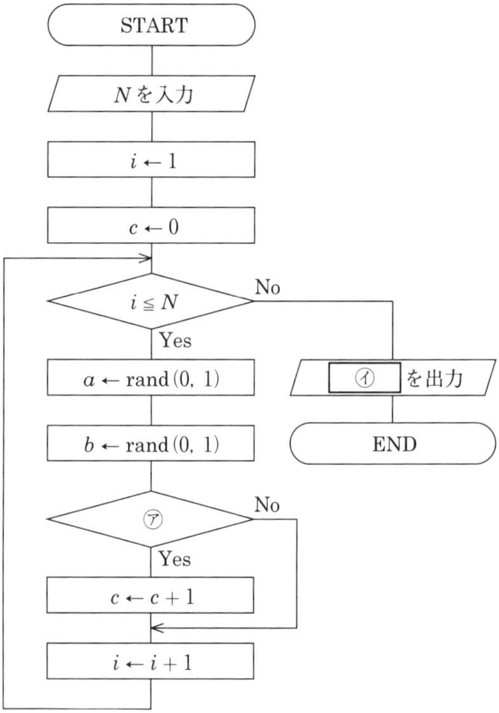

図Ⅱ

解説

㋐について：

　設問中に「扇形内の点の個数」とある。これを数えるのが㋐とその下の「$c \leftarrow c+1$」である。よって，㋐に入るのは扇形の内部に入る条件となる。したがって，「$a^2 + b^2 < 1$」が入る。

㋑について：

　㋐からわかるとおり，円弧内に入った点の個数が㋐が Yes のときにその直後に増加する c である。したがって，正方形と扇形の面積の比を考えて，

$$\frac{c}{N} = \frac{\frac{\pi}{4}}{1} = \frac{\pi}{4}$$

これを円周率について解くと，

$$\pi = \frac{4c}{N}$$

これが㋑に入る。

正答　**5**

ポイント

　いわゆるモンテカルロシミュレーションの問題です。設問中にフローチャートの仕組みについても書かれているため，知識がなくても解くことができます。ただ，フローチャートを苦手にしていると，フローチャートの実行ができないため難しく感じたか，飛ばしてしまったかもしれません。

国家総合職

No. 9 工学，デジタル 数学 独立試行の確率 令和 4 年度

ランダムウォークに関する次の記述の[ア]，[イ]，[ウ]に当てはまるものの組合せとして正しいのはどれか。

「数直線上で，動点 A は初め原点 O にあり，表，裏が出る確率がそれぞれ $\frac{1}{2}$ のコインを 1 回投げて，表が出た場合は正の向きに 1 だけ進み，裏が出た場合は負の向きに 1 だけ進む。コインを n 回投げた後に A がいる数直線上の位置 X_n の値が $x\ (-n \leqq x \leqq n)$ であるとき，表が出た回数は [ア] と表される。よって，コインを n 回投げた後に A が x にいる確率は

$$P(X_n = x) = \begin{cases} \boxed{イ} & (n + x \text{ が偶数}) \\ \boxed{ウ} & (n + x \text{ が奇数}) \end{cases}$$

である」

	[ア]	[イ]	[ウ]
1	$\frac{n+x}{2}$	${}_nC_{\frac{n+x}{2}}\left(\frac{1}{2}\right)^{\frac{n+x}{2}}$	0
2	$\frac{n+x}{2}$	${}_nC_{\frac{n+x}{2}}\left(\frac{1}{2}\right)^{n}$	0
3	$\frac{n+x}{2}$	${}_n\mathrm{C}_x\left(\frac{1}{2}\right)^{n}$	${}_n\mathrm{C}_{n-x}\left(\frac{1}{2}\right)^{n}$
4	$n+x-1$	$\left(\frac{1}{2}\right)^{n}$	$\left(\frac{1}{2}\right)^{n}$
5	$n+x-1$	${}_n\mathrm{C}_x\left(\frac{1}{2}\right)^{n}$	${}_n\mathrm{C}_x\left(\frac{1}{2}\right)^{n}$

解説

㋐について：

表が出た回数を y 回とすると，裏が出た回数は $(n-y)$ 回となるので，

$$x = y - (n - y) = 2y - n$$

$$\therefore \quad y = \frac{n+x}{2}$$

となる。これが㋐に入る。

㋑，㋒について：

㋐の結果から $n+x$ が奇数の場合には，整数 y が存在しないため，確率は 0 となり，これが㋒に入る。

次に $n+x$ が偶数の場合，表が y 回，裏が $n-y$ 回出ればよいため，独立試行の確率の公式より，求める確率は，

$$P(X_n = x) = {}_n C_y \left(\frac{1}{2}\right)^y \left(\frac{1}{2}\right)^{n-y} = {}_n C_{\frac{n+x}{2}} \left(\frac{1}{2}\right)^n$$

正答 **2**

ポイント

解説で使った独立試行の確率の公式とは，各回である出来事が起こる確率が p のとき，これを n 回行って，そのうち k 回この出来事が起こる確率 P が，各回が独立ならば，

$$P = {}_n C_k p^k (1-p)^{n-k}$$

になる，というものです。

公務員試験では国家総合職以外でも繰り返し出題されていますが，特に平成25年度国家総合職 No.6 ではほぼ同じような内容の出題があります。

滑らかで水平な地面に静止した質量 M の台車 P において, 図のように, P の天井から質量 m の小球 Q を長さ l の糸によってつり下げた。糸がたるまないようにしながら, 糸が鉛直方向と角 $\theta \left(0 < \theta < \dfrac{\pi}{2} \right)$ をなす位置まで Q を持ち上げ, 全体が静止した状態で Q を静かに放した場合, 最下点に達したときの地面に対する Q の速さとして最も妥当なのはどれか。

ただし, 重力加速度の大きさを g とする。

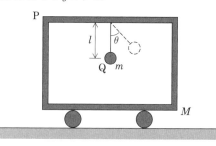

1 $\sqrt{2gl(1 - \cos\theta)}$

2 $\sqrt{\dfrac{mgl(1 - \cos\theta)}{M + m}}$

3 $\sqrt{\dfrac{2Mgl(1 - \cos\theta)}{M + m}}$

4 $M\sqrt{\dfrac{2gl(1 - \cos\theta)}{m(M + m)}}$

5 $m\sqrt{\dfrac{gl(1 - \cos\theta)}{M(M + m)}}$

解説 ━━━

　右下図のように，糸が鉛直になったときの台車の速度を V，小球の速度を v とする（どちらも地面から見た速度で，図の右向きを正とする）。

　運動量保存則より，

　　$0 = mv + MV$

　力学的エネルギー保存則より，

　　$mgl(1 - \cos\theta) = \dfrac{1}{2}mv^2 + \dfrac{1}{2}MV^2$

　最初の式から $V = -\dfrac{m}{M}v$ となるので，

　　$\dfrac{1}{2}mv^2 + \dfrac{1}{2}MV^2 = \dfrac{m(M+m)}{2M}v^2 = mgl(1 - \cos\theta)$

　　$\therefore\quad v = \sqrt{\dfrac{2Mgl(1 - \cos\theta)}{M + m}}$

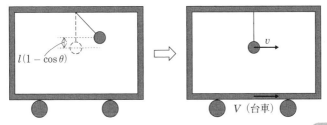

正答 3

ポイント

　近年出題数の多い「運動量保存とエネルギー保存の両方を立てる問題」「相対速度に関する問題」を合わせて出題した問題です。用意していないと方針の立て方も難しかったかもしれませんが，近年の過去問を解いているのであれば，見通しがつきやすかったのではないかと思います。

　速度の置き方については，実際の運動の状況を想像してしまうとかえって難しくしたかもしれません。問われているものも地面に対する速さなので，解説のように個別の動きにこだわらずに文字で置くのがよいでしょう。

長さ $4l$，質量 $3m$ の一様な剛体棒 P と，長さ $3l$，幅 l，質量 $2m$ の一様な長方形の剛体板 Q を隙き間なく接合した剛体 R がある。図のように，粗い水平な床の上で，R を滑らかで鉛直な壁へ立て掛けた。R と床の間の静止摩擦係数を μ とすると，R が滑り出さないための μ の最小値はおよそいくらか。

ただし，P の幅および P，Q の奥行きは無視できるものとする。また，P と Q は同一な平面内にあり，この平面内で起こる運動のみを考えるものとする。

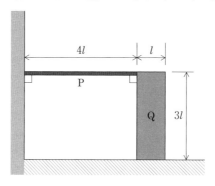

1 $\dfrac{1}{7}$ **2** $\dfrac{1}{5}$

3 $\dfrac{2}{7}$ **4** $\dfrac{1}{3}$

5 $\dfrac{3}{7}$

P，Q 合わせた全体（R）について考える。まずはこれが滑る，というのがどのようなことなのかを考える。

最初に，全体がそのまま水平に床に沿って左に滑ることはあり得ない。これは，壁からP が離れた瞬間に P が壁から受ける垂直抗力 N' が 0 となるため，P，Q を右に押す力がないからである。

そこで，図1の破線のように滑り落ちることが考えられる。この場合，Q と床の接点は，Q の左下の角でのみ床と接していることになる。床と Q との間の接触力は，接している場所のみではたらくため，R に加わる力を図示すると図2のようになる。ただし，床からQ が受ける垂直抗力を N，摩擦力を R とする。

鉛直方向の力のつりあいより，

$N = 3mg + 2mg = 5mg$

水平方向の力のつりあいより，

$N' = R \leqq \mu N = 5\mu mg$

Q の左下角（床との接触力の作用点）まわりの全体についてのモーメントのつりあいより，

$$N' \times 3l + 2mg \times \frac{l}{2} = 3mg \times 2l$$

$$\therefore \quad N' = \frac{5}{3}mg \le 5\mu mg$$

これより $\mu \ge \dfrac{1}{3}$ となる。

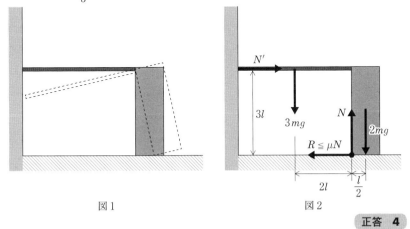

図 1 　　　　　　　　　　　　　　　　図 2

正答　**4**

軽いばねの一端を天井に固定し，ばねの他端に小物体を取り付けた。ばねが自然長でかつ鉛直になるよう，小物体を板で下から支え，この状態を初期状態とした。初期状態から，板を鉛直方向にゆっくりと下げていったとき，ばねの自然長からの伸びの最大値は x_1 となった。また，初期状態に戻してから，板を瞬間的に取り除いたとき，ばねの自然長からの伸びの最大値は x_2 となった。このとき，$\dfrac{x_2}{x_1}$ はおよそいくらか。

1 1

2 $\dfrac{5}{4}$

3 $\dfrac{3}{2}$

4 2

5 $\dfrac{9}{4}$

x_1 について:

「ゆっくりと下げていった」とは，「力のつりあいを保ちながら下げていった」という意味である。この場合，板が小物体を上方向に支える力を N として小物体についての力のつりあいを立てると，小物体の質量を m，重力加速度を g，ばねの伸びを x として，

$N + kx = mg$

$N = 0$ のときに板は小物体から離れ，これが伸びの最大値となるので，

$x_1 = \dfrac{mg}{k}$

次に，瞬間的に離れた場合を考える。この場合，自然長を中心としてエネルギー保存則を立てると，伸びが最大となったときには，小物体の速さは 0 なので，

$0 = -mgx_2 + \dfrac{1}{2}kx_2^2$

$\therefore \quad x_2 = \dfrac{2mg}{k}$

したがって $\dfrac{x_2}{x_1} = 2$ となる。

正答 **4**

ポイント

　非常に易しい問題ですが，解けたかどうかは 2 つのそれぞれの状況を正しく把握できたのかによります。

　x_2 については，単振動の知識からも容易に解くことができます。瞬間的に離した場合，その後，小物体はつりあい位置を中心に単振動します。最初の位置が自然長であり，つりあいのときのばねの伸びが x_1 となるので，振幅 x_1 の単振動をすることになります。このとき，最大の伸びは，まず自然長からつりあい位置まで x_1，さらにそこから振幅 x_1 なので $x_2 = 2x_1$ となります。

図のように，質量 m_P の小物体 P を，質量 m_Q，長さ l の一様なワイヤー Q の下端に固定し，Q の上端に質量 m_R のパラシュート R を取り付けた装置 S がある。空中で S を静かに放したところ，S は落下し始めた。その後，ある時刻において，図のように，R へ鉛直上向きに大きさ F の空気抵抗による力が働いた状態で，S は鉛直下向きに大きさ a の加速度で落下していた。このとき，Q の上端から長さ $\dfrac{l}{3}$ の位置 A にはたらく張力の大きさを，m_P，m_Q，m_R および F を用いて表したものとして最も妥当なのはどれか。

　ただし，Q の伸縮，R の変形および R にはたらく空気抵抗以外の空気の影響は無視できるものとする。

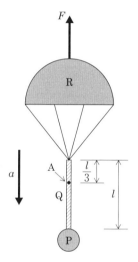

1 $\dfrac{2m_P + 3m_Q}{3(m_P + m_Q + m_R)}F$

2 $\dfrac{3m_P + 2m_Q}{3(m_P + m_Q + m_R)}F$

3 $\dfrac{m_P + m_Q}{m_P + m_Q + m_R}F$

4 $\dfrac{2m_P + 3m_Q}{m_P + m_Q + m_R}F$

5 $\dfrac{3m_P + 2m_Q}{m_P + m_Q + m_R}F$

Aより上と下の2つに全体を分けて，それぞれを1つの物体とみて運動方程式を立てる。求める張力をTと置く（下図）。

Aより上側の物体について，

$$\left(m_R + \frac{1}{3}m_Q\right)a = \left(m_R + \frac{1}{3}m_Q\right)g + T - F$$

Aより下側の物体について，

$$\left(\frac{2}{3}m_Q + m_P\right)a = \left(\frac{2}{3}m_Q + m_P\right)g - T$$

以上2式を解く。2つの式をそのまま加えて，

$$(m_P + m_Q + m_R)a = (m_P + m_Q + m_R)g - F \qquad \therefore \quad a = g - \frac{F}{m_P + m_Q + m_R}$$

これを2つ目の式に代入して，

$$T = \left(\frac{2}{3}m_Q + m_P\right)(g - a) = \frac{3m_P + 2m_Q}{3(m_P + m_Q + m_R)}F$$

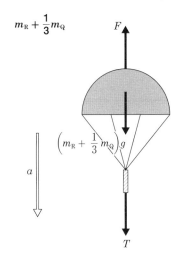

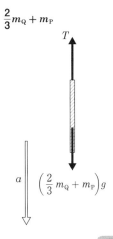

正答　**2**

　運動方程式の基本的な問題で，計算量は少々多いですが，確実に正答したいところです。ただ，実際には正答率は高くはなかったようです。

　ポイントは一つひとつ分けて考えることです。この問題ではAの張力がほしいので，ワイヤーをAで分けることは当然です。このような問題は近年他の試験でよく出題されていました。なお，結果だけみれば，張力は，Fの中で，全体の質量のうち，Aの下側にある質量の割合だけ加わっていることになります。

図のように，容積の等しい 2 つの容器 A，B が，コック C が付いた細管でつながれており，初め，C は閉じられている。A，B には，同一の単原子分子の理想気体が封入されており，A 内の気体の圧力，温度はそれぞれ $6.00 \times 10^5 \mathrm{Pa}$，300 K で，B 内の気体の圧力，温度はそれぞれ $2.00 \times 10^5 \mathrm{Pa}$，400 K であった。C を開いて，容器の中の気体が混合され，平衡状態に達したとき，気体の温度はおよそいくらか。

ただし，A，B，C および細管は，すべて断熱性であるものとする。

なお，物質量 n，温度 T の単原子分子の理想気体の内部エネルギー U は，気体定数を R として，$U = \dfrac{3}{2} nRT$ で表される。

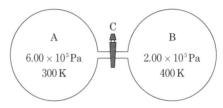

1 320 K

2 330 K

3 340 K

4 350 K

5 360 K

解 説

　容器の容積を V とする。容器内の圧力を P としたとき，容器内の気体の持つ内部エネルギーは，与えられた公式と状態方程式から，

$$U = \frac{3}{2}nRT = \frac{3}{2}PV$$

となる。これを使って，平衡状態の圧力を P とすると，すべて断熱性であることと，外部との仕事のやり取りもないことから，内部エネルギーの総量は保存されるので，

$$\frac{3}{2} \times 6.00 \times 10^5 \times V + \frac{3}{2} \times 2.00 \times 10^5 \times V = \frac{3}{2} \times P \times 2V$$

$$\therefore \quad P = 4.00 \times 10^5 \text{Pa}$$

　このことから，状態方程式を使って，コックを開く前後について，2つの容器内にある気体の物質量の合計が変わらないことを式で表すと，求める温度を T として，

$$\frac{6.00 \times 10^5 \times V}{R \times 300} + \frac{2.00 \times 10^5 \times V}{R \times 400} = \frac{4.00 \times 10^5 \times V}{R \times T} + \frac{4.00 \times 10^5 \times V}{R \times T}$$

$$\therefore \quad T = 320 \text{K}$$

正答　1

ポイント

　平成 19 年度国家 I 種〈現国家総合職〉No.15 と同一内容の問題です。また，労働基準監督 B でも繰り返し出題されています。事前に準備していれば容易に解くことができたと思います。
　エネルギー保存則と，物質量の保存を連立方程式として解けば答えが出てきます。解説では，内部エネルギーの式を変形することで，計算量を減らしています。これは用意していないと気づきにくいと思います。

図のように，線密度がそれぞれ ρ，4ρ の糸 L_1，L_2 の一端どうしを点 B でつなぎ，L_2 の他端 C に水平にした振動数 f の音叉 O の先端をつなぎ，L_1 の他端には滑車 A を介して小物体をつるした。AB 間，BC 間の糸は水平で，その長さはともに l に等しい。いま，O を振動させたところ，AB 間，BC 間の糸は共振し，AB 間には，A，B を節として 2 個の腹を持つ定常波ができた。このとき，BC 間にできる定常波において，腹の位置の糸の振動数と腹の個数の組合せとして最も妥当なのはどれか。

ただし，滑車の大きさは無視できるものとし，糸の線密度と張力の大きさをそれぞれ ρ，S とすると，糸を伝わる波の速さ v は次式で与えられるものとする。

$$v = \sqrt{\frac{S}{\rho}}$$

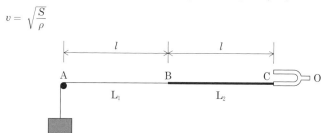

	振動数	腹の個数
1	$\frac{1}{4}f$	1 個
2	$\frac{1}{4}f$	4 個
3	f	4 個
4	f	16 個
5	$4f$	16 個

振動数について，BC を伝わってきた波が，BA に伝わっていく場合，BC の振動の変化に応じて，変位や張力が AB に伝わる。つまり，時間変化は変わらず，ただ，伝わる速さなどが媒質の変化で変化することになるので，AB と BC の波の振動数はどちらも等しく f となる。

次に，1つの波長には2つの腹が含まれることから，AB の波長は弦の長さに等しく l である。したがって，糸の張力を S とすると，AB を伝わる波の速さ v_1 は，

$$v_1 = \sqrt{\frac{S}{\rho}}$$

したがって，

$$\sqrt{\frac{S}{\rho}} = f \times l$$

次に BC を伝わる波の波長を λ_2 とすると，張力は AB と BC で等しく，BC を伝わる波の速さ v_2 が，

$$v_2 = \sqrt{\frac{S}{4\rho}}$$

となることから，

$$\sqrt{\frac{S}{4\rho}} = f \times \lambda_2$$

以上から，

$$f\lambda_2 = \sqrt{\frac{S}{4\rho}} = \frac{1}{2}\sqrt{\frac{S}{\rho}} = \frac{1}{2}fl$$

$$\therefore \quad \lambda_2 = \frac{l}{2}$$

1波長には腹が2個あるので，2波長に相当する長さ l の弦 BC には腹は4個存在する。

正答 **3**

ポイント

弦の固有振動の問題としては典型な問題で，ぜひ正解したい問題といえます。

振動数については，当たり前のようなことを問うているため，考えすぎた受験生もいたかと思います。腹の個数は過去にも何度か問われている問題です。定常波の腹の個数と波長の関係を正しく理解することが大切です。

なお，解説では，波の速さを v，波長を λ，振動数を f としたときの成立する公式

$$v = f\lambda$$

を使っています。

国家総合職

No. 16　工学，数理科学・物理・地球科学

物理　屈 折　令和4年度

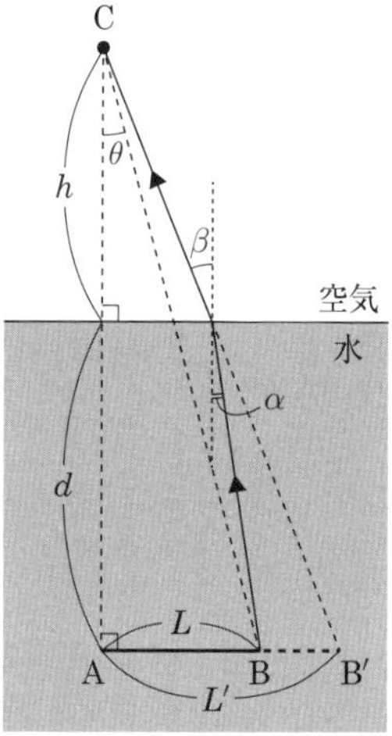

光の屈折に関する次の記述の㋐，㋑，㋒に当てはまるものの組合せとして最も妥当なのはどれか。

「水中の物体を上方から見ると，大きさが実物とは異なって見える。図のように，水面から深さ d の水中に水平に置かれている長さ L の物体ABを，点Aの真上で水面から高さ h の空気中の点Cから見る場合を考える。このとき，物体は，深さ d において長さが L' に伸びた物体AB′のように見えるものとして，物体の長さが実物の何倍に見えるかを示す量 $\frac{L'}{L}$ を求める。

点Bから出て点Cに到達する光の水面に対する入射角を α，屈折角を β，空気に対する水の屈折率を n とすると，α，β，n の間には $\frac{\sin\alpha}{\sin\beta}=$ [㋐] の関係が成り立つ。

また，$\angle ACB=\theta$ とし，θ，α，β はいずれも十分小さく，十分小さい ϕ に対して，$\sin\phi \fallingdotseq \tan\phi \fallingdotseq \phi$ の近似が成り立つとすると，$\frac{L'}{L}$ は θ，α，β のうち必要なものを用いて $\frac{L'}{L}=$ [㋑] と表される。

さらに，θ，α，β をすべて消去して n，h，d を用いると，$\frac{L'}{L}=$ [㋒] と求まる」

	㋐	㋑	㋒
1	$\frac{1}{n}$	$\frac{\alpha}{\theta}$	$\frac{n(h+d)}{h+nd}$
2	$\frac{1}{n}$	$\frac{\beta}{\theta}$	$\frac{n(h+d)}{h+nd}$
3	$\frac{1}{n}$	$\frac{\beta}{\theta}$	$\frac{n(h+d)}{nh+d}$
4	n	$\frac{\alpha}{\theta}$	$\frac{n(h+d)}{h+nd}$
5	n	$\frac{\beta}{\theta}$	$\frac{n(h+d)}{nh+d}$

解説

下図のように点P，Q，Rを定める。

まず，スネルの法則によって，

$$\frac{\sin\alpha}{\sin\beta}=\frac{1}{n}$$

が成立する。この右辺が㋐に入る。

次に，△CAB と △CAB′ について考えると，

$$\frac{L'}{L} = \frac{(h+d)\tan\beta}{(h+d)\tan\theta} \fallingdotseq \frac{\beta}{\theta}$$

となる。この右辺が㋑に入る。

ところで，AB の長さについては，△CAB から計算することも，△CPQ と △QRB に分けて計算することもできるので，

$$AB = (h+d)\tan\theta = h\tan\beta + d\tan\alpha$$

と計算できる。角度が十分に小さいとき，これを θ について解いて（$\tan\theta \fallingdotseq \theta$, $\tan\beta \fallingdotseq \beta$, $\tan\alpha \fallingdotseq \alpha$），

$$\theta \fallingdotseq \frac{h\beta + d\alpha}{h+d}$$

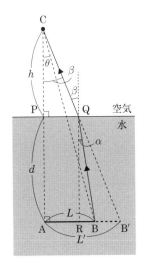

スネルの法則についても，同じ近似を使って，

$$\frac{\alpha}{\beta} = \frac{1}{n}$$

$$\therefore \quad \beta = n\alpha$$

以上を使うと，

$$\frac{L'}{L} = \frac{n\alpha}{\dfrac{nh\alpha + d\alpha}{h+d}} = \frac{n(h+d)}{nh+d}$$

正答 3

ポイント

　屈折についての本格的な計算問題です。近年，ときどき出題がみられます（直近では令和元年度国家総合職 No.16）。ただ，高校卒業以来解く機会のない問題であること，問題のレベルが一定以上であることから，正答率は非常に低いのではないかと思います。

　㋐は，スネルの法則の正確な理解を求めるものです。同じような問題は令和2年度地方上級 No.10 でも出題されています。分数形で覚えていると，ミスをする可能性があるので，空気層，水層の両方で，屈折角と θ，屈折率を n とするとき，

$$n\sin\theta = 一定$$

となると覚えておくとやりやすいでしょう。今回は，

$$1 \times \sin\alpha = n \times \sin\beta$$

となります。ただし，本問では，図が正しくかかれていますので，$n > 1$ かつ，$\beta > \alpha$ となることを読み取れば，$\dfrac{\sin\alpha}{\sin\beta} = \dfrac{1}{n}$ を読み取れたかもしれません。

　㋑，㋒は図形の問題となります。微小角の近似をするということは，言い換えれば，sin, cos, tan の好きなものを使って長さを求めてよいということです（最後に近似すればよい）。

133

国家総合職
No. 17 工学，数理科学・物理・地球科学

物理　電界と磁界　令和４年度

ホール効果に関する次の記述の[ア]，[イ]，[ウ]に当てはまるものの組合せとして最も妥当なのはどれか。

「ホール効果を利用して磁束密度の大きさを測定することができる。

図のような直方体状の金属に，y軸の正の向きに大きさIの電流を流すと，電気量$-e$ ($e>0$) の自由電子はy軸の [ア] の向きに移動する。ここで，この金属中の単位体積当たりの自由電子の個数をn，金属のx軸方向の長さをd，z軸方向の長さをhとしたとき，自由電子の速さvは$\dfrac{I}{endh}$と表される。

さらに，図のように，磁束密度の大きさBの磁界をz軸の正の向きにかけると，自由電子は大きさevBのローレンツ力を受ける。ローレンツ力の影響で，自由電子は [イ] に集まり，面Ｐと面Ｑの間にx軸方向の電界が生じる。帯電が進むと，自由電子がx軸方向の電界から受ける力とローレンツ力がつりあって，自由電子は直進するようになり，これ以上帯電は進まなくなる。このときの面Ｐと面Ｑの間の電位差が$V(V>0)$であるとき，Bは [ウ] と表される」

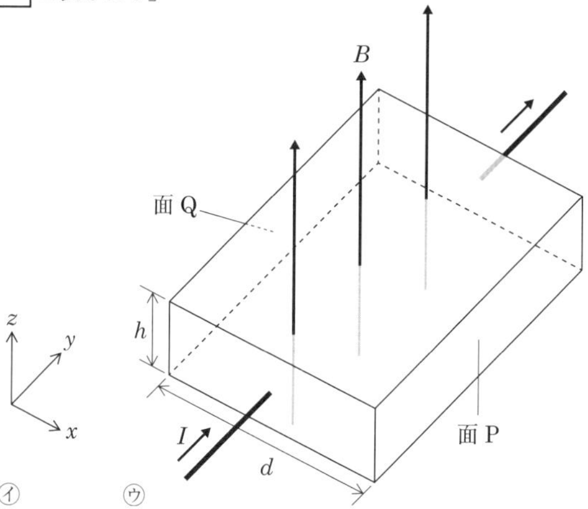

	ア	イ	ウ
1	正	面P	$\dfrac{endV}{I}$
2	正	面Q	$\dfrac{enhV}{I}$
3	負	面P	$\dfrac{endhV}{I}$
4	負	面P	$\dfrac{enhV}{I}$
5	負	面Q	$\dfrac{endhV}{I}$

解説

㋐について：

電子は電流とは逆向きに移動するため，電流が y 軸の正方向に流れるなら，電子は y 軸の負の向きに移動することになる。したがって，㋐には「負」が入る。

㋑について：

ローレンツ力の向きを求める場合，電子に加わる力の向きも，「電流の向き」に直してフレミングの左手の法則を使えばよい。したがって，今回の場合，y 軸の正方向を「左手中指」，z 軸正方向を「左手人差し指」とすると，左手親指の方向は面 P の方向となる。電子はこの方向に力を受けるため，自由電子は「面 P」に集まる。

㋒について：

面 PQ には一様な電界が生じる。この電界の大きさを E とすると，面 PQ の電位差が V のとき

$$V = Ed$$

が成立する。また，電子が電界から受ける力とローレンツ力はつりあうので，

$$eE = evB = \frac{BI}{ndh}$$

が成立する。このことから，

$$\frac{eV}{d} = \frac{BI}{ndh}$$

$$\therefore \quad B = \frac{enhV}{I}$$

となり，この右辺が㋒に入る。

正答　4

ポイント

ホール効果は，選択問題の電子工学で繰り返し出題されていた問題です。本問は必須問題ですが，各種の公式が記述中に与えられている点を除けば，ほとんど変わらないレベルの問題だったといえると思います。

ポイントはローレンツ力の向きについてです。本問では，電子にはたらく力を求める必要があります。

なお，もし移動しているのが正の電荷であれば，このローレンツ力を受けて面 P には正の電荷が移動してきます。したがって，本問のように電子が移動してきた場合と比べ，電位差の正負が逆になることになります。

図のように，極板間隔 $6d$，電気容量 C の平行板コンデンサの極板間に，極板と同じ面積で厚さ $2d$ の導体板を，極板からそれぞれ $3d$，d だけ離れた位置に，極板に対して平行かつはみ出る部分がないように入れたとき，コンデンサの電気容量として最も妥当なのはどれか。

ただし，極板の面積は極板間隔に対して十分大きく，入れる前の導体板は帯電していないものとする。

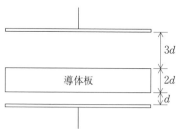

1 $\dfrac{3}{4}C$

2 $\dfrac{5}{6}C$

3 $\dfrac{5}{4}C$

4 $\dfrac{4}{3}C$

5 $\dfrac{3}{2}C$

解説

　平行平板コンデンサの静電容量 C は,誘電率を ε_0,極板間隔を d,断面積を S とするとき,

$$C = \varepsilon_0 \frac{S}{d}$$

と表される。

　導体板を面積全体に入れると,その部分の間隔が短くなったことと同じことになる。したがって,本問では,導体板を入れることによって,極板間隔が $6d$ から $4d$ の $\frac{2}{3}$ 倍になったことになる。静電容量は極板間隔に反比例するので,求める電気容量は $\frac{3}{2}C$ となる。

正答　**5**

ポイント

　他の問題と比べても非常に易しい問題です。過去にも類似の問題が出題されているので（平成 26 年度国家総合職 No.17 など）,準備して確実に解きたかった問題です。

図のように，2つの抵抗とダイオードDに，2つの直流電源をつないだ回路がある。抵抗値1Ωの抵抗を流れる電流Iの大きさはおよそいくらか。

ただし，点P→点Qの向きに電流が流れるときのDの抵抗値は無視できるほど小さいが，Q→Pの向きの抵抗値は非常に大きくてこの向きに電流は流れないものとする。また，直流電源の内部抵抗は無視できるものとする。

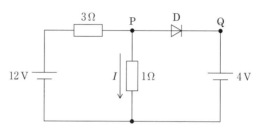

1 $\dfrac{4}{3}$A

2 $\dfrac{8}{3}$A

3 3A

4 $\dfrac{10}{3}$A

5 4A

解説

仮にダイオードをP→Qの向きに電流が流れるとして，この電流の大きさをI_Dと置く。このとき，次図のように電流が決まる。

12Vの電源→P→Q→12Vの電源と回る経路についてキルヒホッフの第2法則を立てると，

$$12 = 3(I + I_D) + 4$$

$$\therefore \quad I + I_D = \frac{8}{3}$$

12Vの電源 → P → 1Ωの抵抗 → 12Vの電源と回る経路についてキルヒホッフ第2法則を立てると,

$$12 = 3(I + I_D) + I = 8 + I$$

$$\therefore \quad I = 4$$

これより $I_D = \dfrac{8}{3} - I = -\dfrac{4}{3} < 0$ となるが,これはダイオードを Q → P の向きに電流が流れることを意味する。この向きには電流は流れないので,ダイオードには電流が流れないことになる。したがって,改めて $I_D = 0$ として,12Vの電源 → P → 1Ωの抵抗 → 12Vの電源と回る経路についてキルヒホッフの第2法則を立てると,

$$12 = 3I + I = 4I$$

$$\therefore \quad I = 3\,\mathrm{A}$$

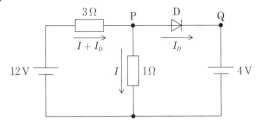

正答 **3**

国家総合職

No. 20　工学，デジタル

物理　コンデンサ回路　令和4年度

コンデンサの接続に関する次の記述の[ア]，[イ]，[ウ]に当てはまるものの組合せとして最も妥当なのはどれか。

「図のように，いずれも電気容量 C の3つのコンデンサ C_1，C_2，C_3，電圧 V の直流電源，スイッチからなる回路がある。初め，いずれのコンデンサにも電荷は蓄えられておらず，スイッチは開いているものとする。

この回路において，スイッチを端子 a 側に閉じて十分に時間が経過したとき，C_1，C_2 蓄えられている電気量はともに $\dfrac{CV}{2}$ である。この状態から，スイッチを端子 b 側に閉じて十分に時間が経過したとき，C_2，C_3 に蓄えられている電気量はともに [ア] である。再び，スイッチを端子 a 側に閉じて十分に時間が経過したとき，C_1 に蓄えられている電気量は [イ] ，C_2 に蓄えられている電気量は [ウ] である」

	[ア]	[イ]	[ウ]
1	$\dfrac{CV}{4}$	$\dfrac{CV}{8}$	$\dfrac{7CV}{8}$
2	$\dfrac{CV}{4}$	$\dfrac{3CV}{8}$	$\dfrac{5CV}{8}$
3	$\dfrac{CV}{4}$	$\dfrac{5CV}{8}$	$\dfrac{3CV}{8}$
4	$\dfrac{CV}{2}$	$\dfrac{CV}{4}$	$\dfrac{3CV}{4}$
5	$\dfrac{CV}{2}$	$\dfrac{3CV}{4}$	$\dfrac{CV}{4}$

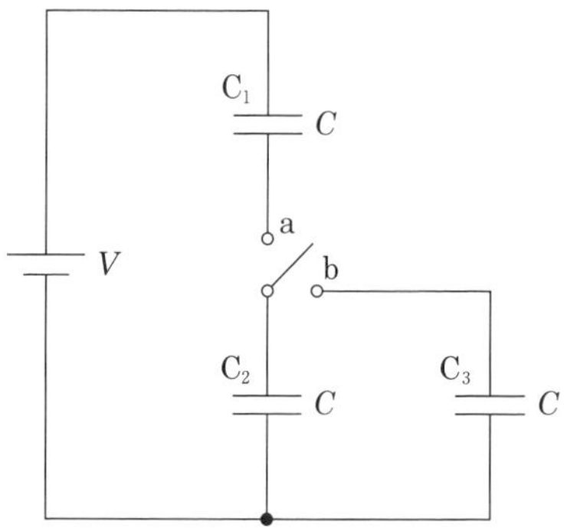

解説

[ア]について：

スイッチを a 側に入れたときに C_2 に蓄えられている電気量は $\dfrac{CV}{2}$ である。

スイッチを b に入れると，コンデンサ C_2 と C_3 は並列に接続されるが，静電容量が等しいので，両方に等しく電気量は $\dfrac{CV}{4}$ となる。したがって，[ア]には「$\dfrac{CV}{4}$」が入る。

[イ]，[ウ]について：

スイッチを b 側から a 側にする前後のコンデンサ C_1，C_2 に蓄えられている電荷を次図に示した。ただし，a 側にして十分時間が経過した後の C_1 の電気量を Q_1，C_2 の電気量を Q_2 とし，正負については図のようにする。

図の破線の部分は他の部分から孤立しているため，スイッチの切り替え前後で，電気量の合計は等しい（電荷保存則）。これより，

$$Q_2 - Q_1 = \frac{CV}{4} - \frac{CV}{2} = -\frac{CV}{4}$$

　次に，スイッチを切り替えた後について，キルヒホッフの第2法則より，電源電圧 V とコンデンサの電圧の和は等しいので（コンデンサは，正の電荷のある極板のほうが，負の電荷のある極板より電位が高い），

$$\frac{Q_1}{C} + \frac{Q_2}{C} = V$$

$$\therefore \quad Q_1 + Q_2 = CV$$

以上の2式を合計して2で割って，

$$Q_2 = \frac{3}{8}CV$$

となり，したがって，$Q_1 = \frac{5}{8}CV$ となる。以上が空欄㋑，㋒に入る。

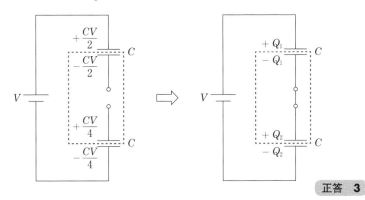

正答　**3**

ポイント

　コンデンサ回路については過去には非常に簡単な問題が出題されたことがありましたが（平成25年度国家総合職 No.19や令和元年度国家総合職 No.20），電荷保存則，キルヒホッフの法則を立てていく本格的な問題は，平成8年度以来出題がありませんでした。それだけに用意が難しかったのではないかと思います。

　ただ，このような複雑な操作を伴うコンデンサ回路の問題も，基本的には解説にある「電荷保存則，キルヒホッフの法則を使えばよい」とパターン化されます。ただし，保存則なので，変化の前後の図をかいて比較すること，電荷については正負の符号を付けること（正負の符号が違っていても，答えが負になって出てくるだけなので，どちらでもよいが）に注意しましょう。

令和4年度

国家一般職
［大卒］

●出題内訳表

工学系4区分のNo.	科目	出題内容	物理区分のNo.	化学区分のNo.
1	数学	2次関数	1	1
2		空間図形	2	2
3		微分	3	3
4		積分	4	
5		平面座標		
6		式の展開		5
7		対数		
8		確率分布	5	4
9		フローチャート	7	
10	物理	モーメントのつりあい	13	
11		水圧	9	6
12		力学的エネルギー	10	
13		慣性力	11	
14		原子崩壊	21	9
15		ばね振り子	12	
16		屈折	19	
17		気体の状態変化	22	7
18		フレミングの法則	26	
19		直流回路	27	8
20		コンデンサの入った回路		

※工学系4区分とは「デジタル・電気・電子」「機械」「土木」「建築」である。

x, y が実数のとき，$x^2 + 4xy + 5y^2 + 2y + 7$ の最小値はいくらか。

1　2

2　4

3　6

4　8

5　10

解説

解法1：平方完成する

与えられた式を次のように変形する。

$$x^2 + 4xy + 4y^2 + y^2 + 2y + 7 = (x + 2y)^2 + (y + 1)^2 + 6$$

したがって，$y = -1$，$x = -2y = 2$ のときに最小値 6 をとる。

解法2：偏微分する

$$f(x, y) = x^2 + 4xy + 5y^2 + 2y + 7$$

と置く。

$$\frac{\partial f}{\partial x} = 2x + 4y = 0 \quad \cdots\cdots①$$

$$\frac{\partial f}{\partial y} = 4x + 10y + 2 = 0 \quad \cdots\cdots②$$

この連立方程式を解く。①から，$x = -2y$ なので，②にこれを代入して，

$$-8y + 10y + 2 = 2y + 2 = 0$$

$$\therefore \quad y = -1$$

これより，$x = 2$ であり，極値 $f(2, -1) = 6$ をとるので，これが最小値と考えられる。

正答 **3**

ポイント

非常に簡単な2変数関数の問題です。解法1が自然だと思われますが，解法2も本試験では考えられました。解法2では，実は「極値」であることも確認できませんが，選択肢からは正答を選ぶことができます。

図のような AB = BC = 2，AE = 3 の直方体 ABCD–EFGH において，平面 AFH と平面 CFH のなす角を $\theta\left(0 \le \theta \le \dfrac{\pi}{2}\right)$ とするとき，$\cos\theta$ の値はいくらか。

1 $\dfrac{3}{5}$

2 $\dfrac{7}{11}$

3 $\dfrac{2}{3}$

4 $\dfrac{9}{13}$

5 $\dfrac{3}{4}$

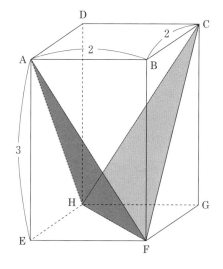

FH と EG の交点を O とすると，∠AOC が求める θ である。そこで △AOC に余弦定理を使うことを考える。

AE = 3，EO = $\sqrt{2}$ となるので，△AOE に三平方の定理を使って，

AO = $\sqrt{3^2 + (\sqrt{2})^2}$ = $\sqrt{11}$

CO も同じく $\sqrt{11}$ となる。

△AOC についての余弦定理から，

$$\cos\theta = \frac{(\sqrt{11})^2 + (\sqrt{11})^2 - (2\sqrt{2})^2}{2 \times \sqrt{11} \times \sqrt{11}} = \frac{7}{11}$$

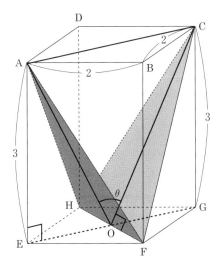

正答 **2**

cos をどうやって求めるのかによって，方針が大きく変わります。考えられることとしては，①直角三角形をつくる，②余弦定理，③ベクトルの内積などですが，座標のない問題なので③はやりにくかったと思います。

ところで，設問の図には θ がないので，まずはここから見つけなければいけません。直感的には，図の位置と気づいたかもしれませんが，正しくは，本問のように，2 枚の平面の交線（FH）と垂直な線のなす角度として求める必要があります。本問では △AHF，△CHF が二等辺三角形なので，垂直であることがわかります。

t を実数とし，$x(t) = e^{3t}$，$y(t) = te^{2t}$ のとき，導関数 $\dfrac{dy}{dx}$ を t で表した式として正しいのはどれか。

1　$\dfrac{1+2t}{3e^t}$

2　$\dfrac{2+2t}{3e^t}$

3　$\dfrac{2t}{e^t}$

4　$\dfrac{1+2t}{e^t}$

5　$\dfrac{2+2t}{e^t}$

解　説

$x'(t) = 3e^{3t}$

$y'(t) = (t)'e^{2t} + t(e^{2t})' = e^{2t} + 2te^{2t} = (1+2t)e^{2t}$

よって，求める導関数は，

$$\frac{dy}{dx} = \frac{\dfrac{dy}{dt}}{\dfrac{dx}{dt}} = \frac{y'(t)}{x'(t)} = \frac{(1+2t)e^{2t}}{3e^{3t}} = \frac{1+2t}{3e^t}$$

正答　**1**

ポイント

　パラメータで表された関数の導関数の計算知識を問う問題です（『公務員試験　技術系　新スーパー過去問ゼミ　工学に関する基礎（数学・物理）』〈実務教育出版〉p.80 を参照）。計算の途中で積の微分公式を使いますが，易しい計算なので確実に計算できるようにしておきましょう。

$\displaystyle\int_0^5 \sqrt{|4-x|}\,dx$ はいくらか。

1　4

2　6

3　8

4　10

5　12

解説

与えられた積分の絶対値を区間を分けて外すと，

$$\int_0^5 \sqrt{|4-x|}\,dx = \int_0^4 \sqrt{4-x}\,dx + \int_4^5 \sqrt{x-4}\,dx$$

第1項について，$y = 4-x$ と置くと，積分区間は $4 \to 0$ かつ $dy = -dx$ となる。したがって，

$$\int_0^4 \sqrt{4-x}\,dx = \int_4^0 \sqrt{y}\,(-dy) = \int_0^4 \sqrt{y}\,dy = \int_0^4 y^{\frac{1}{2}}\,dy = \left[\frac{2}{3}y^{\frac{3}{2}}\right]_0^4 = \frac{16}{3}$$

第2項について，$z = x-4$ と置くと，積分区間は $0 \to 1$ かつ $dz = dx$ となるので，

$$\int_4^5 \sqrt{x-4}\,dx = \int_0^1 \sqrt{z}\,dz = \int_0^1 z^{\frac{1}{2}}\,dz = \left[\frac{2}{3}z^{\frac{3}{2}}\right]_0^1 = \frac{2}{3}$$

したがって，求める積分は $\dfrac{16}{3} + \dfrac{2}{3} = 6$ となる。

正答　**2**

ポイント

　基本的な積分の計算問題です。ここ数年の問題よりもかなり易しい問題といえます。解説では丁寧に積分計算をしていますが，積分が面積であることを考えれば，$y = \sqrt{x}$ のルートの中身が $4 \to 0 \to 1$ と変化しただけだと考えて，簡単に計算した受験生もいたかもしれません。

$x^2 - 8x + 10 + 2y = 0$ を満たす正の整数の組 (x, y) は 3 つある。これら 3 つの組を xy 平面上の点 A，B，C として表したとき，△ABC の面積はいくらか。

1　1
2　2
3　4
4　8
5　12

解説

与えられた式を x の 2 次方程式とみて解の公式を使うと，

$$x = 4 \pm \sqrt{4^2 - (10 + 2y)} = 4 \pm \sqrt{6 - 2y}$$

ここで，平方根の中身が 0 以上となるためには，$y > 0$ では，$y = 1, 2, 3$ となるが，x が正の整数となるのは，$y = 1$ のときに $x = 4 \pm 2 = 2, 6$，$y = 3$ のときに $x = 4$ の 3 組である。つまり，求める 3 つの組は $(2, 1)$，$(6, 1)$，$(4, 3)$ となる。これを座標として図示すると次の図のようになる。

したがって，求める面積は，

$$\frac{1}{2} \times 4 \times 2 = 4$$

となる。

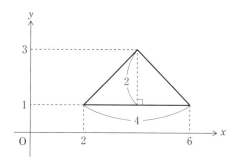

正答　**3**

ポイント

面積部分は容易なので，どのように座標を求めるのかが最大のポイントです。ここでは単純に解の方式を使いました。

$$y = \frac{-x^2 + 8x - 10}{2} = -\frac{1}{2}(x-4)^2 + 3 \quad (>0)$$

と平方完成してもよいでしょう。類題がないので，問題を見てどのような式変形をすべきか，その引き出しの多さが問われています。

$(x-1)(x+2)(x+3)(x+4)(x+5)(x+6)$ を展開したとき，x^4 の係数はいくらか。

1 -145

2 -125

3 110

4 135

5 145

解説

　この数式をすべての項について展開するときに，$x-1$，$x+2$，$\cdots$，$x+6$ の中から x を 4つ，数を 2つ選んだときに x の次数が 4 となる。つまり，x^4 の係数は，-1，2，3，4，5，6 の中から 2つの数を選ぶ場合のすべての組み合わせの合計となる。すなわち，

$$-1\cdot2-1\cdot3-1\cdot4-1\cdot5-1\cdot6+2\cdot3+2\cdot4+\cdots+5\cdot6$$

を計算すればよい。ところで，このように，a_1，a_2，a_3，$\cdots$，a_n の中から 2つ選んで積をとった場合の総和は，

$$\frac{(a_1+a_2+\cdots+a_n)^2-(a_1^2+a_2^2+\cdots+a_n^2)}{2}=a_1a_2+a_1a_3+a_1a_4+a_{n-1}a_n$$

と計算できる。今回の場合，

$$(-1+2+3+4+5+6)^2=19^2=361$$

$$(-1)^2+2^2+\cdots+6^2=\frac{1}{6}\times6\times7\times13=91$$

なので，求める係数は，

$$\frac{361-91}{2}=135$$

となる。

正答 **4**

ポイント

　単純な多項式の展開の問題にみえますが，要領よく解くためには工夫が必要です。ただ，実際には時間をかけて単純に計算した受験生も少なくなかったかもしれません。

　本問の計算公式については，たとえば，

$$(a_1+a_2)^2=a_1^2+a_2^2+2a_1a_2$$

$$(a_1+a_2+a_3)^2=a_1^2+a_2^2+a_3^2+2(a_1a_2+a_2a_3+a_3a_1)$$

などから類推できます。なお，2乗の和の計算については，

$$\sum_{k=1}^{n}k^2=\frac{1}{6}n(n+1)(2n+1)$$

の公式を使っていますが，この公式は実際の試験では No.9 に与えられていました。

$1 \leqq x \leqq 27$ のとき，$(\log_3 x)^2 + 8\log_{\frac{1}{9}} 3x + \log_3 81$ の最大値はいくらか。

1　-2

2　-1

3　0

4　1

5　2

解　説

底の変換公式より，

$$\log_{\frac{1}{9}} 3x = \frac{\log_3 3x}{\log_3 \frac{1}{9}} = \frac{\log_3 3 + \log_3 x}{\log_3 3^{-2}} = \frac{1 + \log_3 x}{-2}$$

となる。

したがって，求める関数は，$\log_3 x = t$ として，

$$(\log_3 x)^2 + 8 \times \frac{1 + \log_3 x}{-2} + \log_3 3^4 = (\log_3 x)^2 - 4 - 4\log_3 x + 4 = t^2 - 4t$$

ここで，$1 \leqq x \leqq 27 = 3^3$ のとき，$0 \leqq t \leqq 3$ となり，

$$t^2 - 4t = (t-2)^2 - 4$$

となる。この関数の $0 \leqq t \leqq 3$ における最大値は，軸である $t = 2$ から最も離れた $t = 0$ のときで，最大値 0 となる。

正答 **3**

ポイント

　　対数を題材とした最大，最小の計算問題は近年非常によく出題されています（令和元年度国家一般職［大卒］No.6，平成28年度国家一般職［大卒］No.6など）。底が異なる項があるので，まずは変換公式で底をそろえることになります。なお，本問では，最小値ではなく，最大値が問われていることにも注意が必要です。

ある地域で1年間にマグニチュード7.0以上の地震が発生する回数を確率変数Xとし，Xは，平均3のポアソン分布に従うものとする。この地域で1年間にマグニチュード7.0以上の地震が少なくとも1回発生する確率はいくらか。

なお，平均$\lambda\,(\lambda > 0)$のポアソン分布に従う確率変数Yが，$Y = k\,(k = 0,\ 1,\ 2,\cdots)$となる確率$P(Y = k)$は，

$$P(Y = k) = e^{-\lambda}\frac{\lambda^k}{k!}$$

で与えられる。

1 e^{-3}

2 $3e^{-3}$

3 $1 - 3e^{-3}$

4 $1 - 2e^{-3}$

5 $1 - e^{-3}$

解説 ━━━━━━━━━━━━━━━━━━━━━━━━━━━━━━━━━━━

　全部の確率の値の和である1から，地震が1回も発生していない確率を引けばよい（余事象）。与えられたポアソン分布の公式から，

$$P(Y = 0) = e^{-3}\frac{3^0}{0!} = e^{-3}$$

したがって，求める確率は$1 - e^{-3}$である。

正答 **5**

ポイント

　確率分布を使っていますが，確率そのものは余事象の簡単な問題です。ただ，$0! = 1$を知っていたかどうかが解けたかどうかの分かれ目になります。実際には，確率分布になじみがないということで解けなかった受験生が少なくなかったようです。確率分布について少しでも勉強していたかどうかがカギとなります。

図のフローチャートにおいて, 出力される a の値はいくらか。

なお, 必要ならば, n が正の整数のとき,

$$\sum_{k=1}^{n} k = \frac{1}{2} n (n + 1),$$

$$\sum_{k=1}^{n} k^2 = \frac{1}{6} n (n + 1)(2n + 1),$$

$$\sum_{k=1}^{n} k^3 = \left\{ \frac{1}{2} n (n + 1) \right\}^2$$

であることを用いてよい。

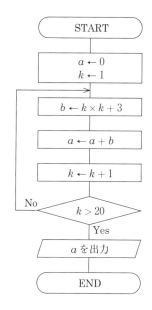

1 2527
2 2873
3 2930
4 3314
5 3374

解説

実際に調べてみる。

b		4	7	12	19	28	39	52	67	84
a	0	4	11	23	42	70	109	161	228	312
k	1	2	3	4	5	6	7	8	9	10

b	103	124	147	172	199	228	259	292	327	364	403
a	415	539	686	858	1057	1285	1544	1836	2163	2527	2930
k	11	12	13	14	15	16	17	18	19	20	21

正答 **3**

ポイント

$k = 21$ まで調べるのは大変そうにも思えますが，実際に計算してみると，計算の規則もあるためそう時間のかかるものではありません。このように，割り切って計算し切ってしまえば，短時間に正答できます。なお，解説の表では，縦に並んだ処理が $b \rightarrow a \rightarrow k$ の順に並んでいることから，この順に並べました。つまり，終了条件の $k > 20$ が「時間内に十分に解き切れる数」と判断して，表をかき始めるのが実践的でしょう。

なお，この解法では設問のヒントはまったく使いません。設問中のヒントを使うと次のようになります。この問題では，まず k を1つずつ増やしながら $(k \leftarrow k+1)$，b に $k^2 + 3$ を代入し $(b \leftarrow k \times k + 3)$，それを a に加えています $(a \leftarrow a + b)$。したがって，求める計算は，

$$\sum_{k=1}^{20}(k^2 + 3) = \frac{1}{6} \times 20 \times 21 \times 41 + 3 \times 20 = 2930$$

となります。表で調べる場合にも，途中でこのことに気がついたかもしれません。

図のように，質量 M の一様な剛体 P を水平な台から長さ $4l$ だけはみ出すように置き，P の右下端 A から質量 m の小物体 Q を糸でつるした。このとき，P が傾かない最大の m として最も妥当なのはどれか。

ただし，P の奥行き方向の厚さは無視できるものとする。また，P と Q は同一の平面内にあり，この平面内における力のつりあいのみを考えるものとする。

なお，必要ならば，三角形の3本の中線は1点で交わり，各中線はその交点でそれぞれ 2：1 に内分されることを用いてよい。

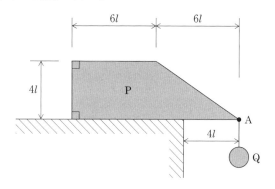

1　$\dfrac{1}{2}M$

2　$\dfrac{2}{3}M$

3　$\dfrac{5}{6}M$

4　M

5　$\dfrac{7}{6}M$

解説 ━━━━━━━━━━━━━━━━━━━━━━━━━━━━━━━━━━━━━

　剛体は四角形と三角形に分けて考える。物体が一様なので質量は面積に比例する。したがって三角形の質量が $\dfrac{M}{3}$，四角形の質量が $\dfrac{2}{3}M$ となる。それぞれ重力は重心に加わると考えると下図のようになる。

　台の角（黒点）を中心とするモーメントのつりあいを考えると，P が傾かない条件は，

$$mg \times 4l \leqq \frac{2}{3}Mg \times 5l$$

$$\therefore \quad m \leqq \frac{5}{6}M$$

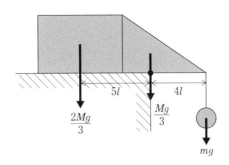

正答 **3**

ポイント ━━━━━━━━━━━━━━━━━━━━━━━━━━━━━━

　モーメントのつりあいの易しい問題です。物体が傾くかどうかを調べる問題の場合，回転中心まわりのモーメントのつりあいを考えることが定番です。

図のような円筒状の容器 A，容積が A と等しい円錐台状の容器 B と C をそれぞれ水平面上に置き，容器に水を満たした。このとき，A，B，C の底面が水により受ける圧力（底面における水圧）をそれぞれ P_A，P_B，P_C とすると，これらの大小関係として最も妥当なのはどれか。

ただし，大気圧は無視できるものとする。

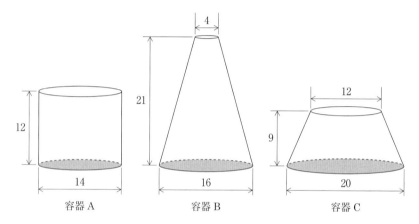

容器 A　　　　　　　容器 B　　　　　　　容器 C

1 $P_A < P_B < P_C$

2 $P_A < P_C < P_B$

3 $P_B < P_A < P_C$

4 $P_B < P_C < P_A$

5 $P_C < P_A < P_B$

解　説

　水圧 P は，水面からの深さを h，水の密度を ρ，重力加速度を g とすると，

　　$P = \rho g h$

で表される。したがって，本問では，深さが大きいほど水圧が大きいことになる。よって，

　　$P_C < P_A < P_B$

となる。

正答　**5**

ポイント

　水圧の公式を知っているかどうかの問題です。ただし，この問題では，解答に必要のない数値も与えられているので，正確に公式が使えなければいけません。特に，底面に加わる水圧の「合力」と区別する必要があります（合力を求める場合には底面積を掛ける必要がある）。

図のように，水平面と角 $\theta\left(0 < \theta < \dfrac{\pi}{2}\right)$ をなす粗い斜面上に置かれた質量 m の小物体を，斜面に沿って上向きに速さ v_0 で滑らせたところ，小物体は最高点に到達していったん静止した後，下向きに滑り始めた。小物体が初めに置かれた位置に戻ってきたときの速さ v として最も妥当なのはどれか。

ただし，小物体と斜面の間の動摩擦係数を μ' とする。

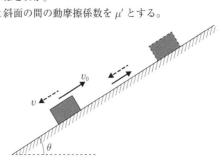

1　v_0

2　$v_0\sqrt{\dfrac{\sin\theta + \mu'\cos\theta}{\sin\theta - \mu'\cos\theta}}$

3　$v_0\sqrt{\dfrac{\sin\theta - \mu'\cos\theta}{\sin\theta + \mu'\cos\theta}}$

4　$v_0\sqrt{\dfrac{\cos\theta + \mu'\sin\theta}{\cos\theta - \mu'\sin\theta}}$

5　$v_0\sqrt{\dfrac{\cos\theta - \mu'\sin\theta}{\cos\theta + \mu'\sin\theta}}$

　エネルギー保存則を考える。斜面を上がるときも斜面を下がるときも，斜面垂直方向の力のつりあいから，斜面と物体との間の垂直抗力を N とすると $N = mg\cos\theta$ なので，動摩擦力は $\mu'N = \mu'mg\cos\theta$ となる。

　まず，斜面を上がるとき，一度静止するまでの斜面上の距離を L とすると，動摩擦力が行う仕事は $-\mu'mg\cos\theta \times L$ となるので，

$$\frac{1}{2}m v_0{}^2 - \mu'mg\cos\theta \times L = mgL\sin\theta$$

これより，

$$L = \frac{v_0{}^2}{2g(\sin\theta + \mu'\cos\theta)}$$

次に斜面を下がるときには，

$$mgL\sin\theta - \mu'mg\cos\theta \times L = \frac{1}{2}mv^2$$

したがって，

$$\frac{1}{2}mv^2 = mg(\sin\theta - \mu'\cos\theta)L = \frac{mg(\sin\theta - \mu'\cos\theta)}{2g(\sin\theta + \mu'\cos\theta)}v_0{}^2$$

$$\therefore \quad v = v_0\sqrt{\frac{\sin\theta - \mu'\cos\theta}{\sin\theta + \mu'\cos\theta}}$$

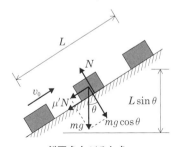

斜面を上がるとき

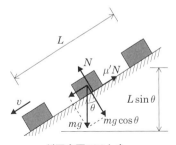

斜面を下がるとき

正答　**3**

ポイント

　エネルギー保存則についての応用問題で，近年の問題の中ではかなり複雑な問題だといえます。実は平成28年度労働基準監督Bの No.21 とまったく同一の問題です。また，類題も多く見られます。

　この問題では，斜面上を上がった距離が必要となるため，斜面を上がるとき，下がるときで別々に式を立てる必要があります。動摩擦力も $\mu'mg$ ではないので，注意が必要です。

　なお，摩擦によってエネルギーが減少するので，v_0 よりも速さは必ず小さくなります。その意味では，最初から選択肢は **3**，**5** の2つに絞られています。

国家一般職
[大卒]
No.
13
物理
慣性力
令和 4 年度

電気・電子・情報，機械，土木，建築，物理

図のように，質量 M の台車 P の天井から質量 m の小球 Q を糸でつり下げ，P を滑らかで水平な床に置いた。その後，P を大きさ F の力で水平方向に引っ張ったところ，Q は糸が鉛直方向と角 $\theta\left(0<\theta<\dfrac{\pi}{2}\right)$ をなす位置にて，P から見て静止した。このとき，糸の張力の大きさとして最も妥当なのはどれか。

ただし，重力加速度の大きさを g とする。

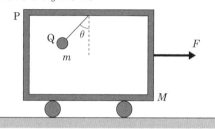

1 $\quad m\sqrt{g^2+\left(\dfrac{F}{M+m}\right)^2}$

2 $\quad m\sqrt{g^2+\left(\dfrac{F}{M}\right)^2}$

3 $\quad m\sqrt{g^2+\left(\dfrac{F}{m}\right)^2}$

4 $\quad (M+m)\sqrt{g^2+\left(\dfrac{F}{M+m}\right)^2}$

5 $\quad (M+m)\sqrt{g^2+\left(\dfrac{F}{M}\right)^2}$

解説 ━━━━━━━━━━━━━━━━━━━━━━━━━━━━━━

まず，全体についての運動方程式を立てる。物体全体の加速度を a とすると，

$$(M + m)a = F$$

$$\therefore \quad a = \frac{F}{M + m}$$

次に，台車の中にいる人から見て，小球についての力のつりあいを考える。このとき，小球には慣性力 ma が加わる（下図）。

したがって，求める張力を T とすると，

$$T = \sqrt{(mg)^2 + (ma)^2} = m\sqrt{g^2 + \left(\frac{F}{M + m}\right)^2}$$

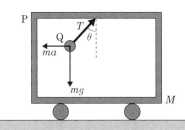

正答 1

ポイント

慣性力に気づいたかどうかがポイントです。類題は平成 27 年度国家一般職［大卒］（No.11）にあります。

なお，加速度を求めた後の処理については，小球 Q について水平方向の運動方程式，鉛直方向の力のつりあいを立てて解く方法もあります。

国家一般職[大卒] 電気・電子・情報，機械，土木，建築，物理，化学

No. 14 物理 原子崩壊 令和4年度

放射性原子核の崩壊系列に関する次の記述の㋐，㋑に当てはまるものの組合せとして最も妥当なのはどれか。

なお，ある原子核において，元素記号をX，質量数をA，原子番号をZとすると，その原子核は$^{A}_{Z}\mathrm{X}$と表される。

「崩壊系列のうち，ウラン系列は，$^{238}_{92}\mathrm{U}$（ウラン238）から出発し，$^{4}_{2}\mathrm{He}$（ヘリウム原子核）を放出するα崩壊や，中性子が電子を放出して陽子に変わるβ崩壊などを繰り返しながら，［㋐］などを経て，安定な［㋑］で終わる系列である」

	㋐	㋑
1	$^{223}_{88}\mathrm{Ra}$（ラジウム223）	$^{206}_{82}\mathrm{Pb}$（鉛206）
2	$^{224}_{88}\mathrm{Ra}$（ラジウム224）	$^{207}_{82}\mathrm{Pb}$（鉛207）
3	$^{224}_{88}\mathrm{Ra}$（ラジウム224）	$^{208}_{82}\mathrm{Pb}$（鉛208）
4	$^{226}_{88}\mathrm{Ra}$（ラジウム226）	$^{206}_{82}\mathrm{Pb}$（鉛206）
5	$^{226}_{88}\mathrm{Ra}$（ラジウム226）	$^{207}_{82}\mathrm{Pb}$（鉛207）

解説

α崩壊が起きて$^{4}_{2}\mathrm{He}$が放出されると，質量数が4減って，陽子の数である原子番号が2減る。一方，β崩壊が起きると，質量数は変化しないが，陽子が増えるので原子番号は1増える。

したがって，α崩壊とβ崩壊の繰り返しでは，質量数は4ずつ減少するのみである。最初の質量数は238なので，質量数は，234 → 230 → 226と減り，さらにα崩壊すると222になる。したがって，選択肢から，質量数は226となる。

さらにα崩壊するたびに質量数は，226 → 222 → 218 → 214 → 210 → 206となるので，残った選択肢**4**，**5**の中では質量数は206にしかならない。

したがって，㋐には「$^{226}_{88}\mathrm{Ra}$（ラジウム226）」が，㋑には「$^{206}_{82}\mathrm{Pb}$（鉛206）」が入る。

正答 4

ポイント

α崩壊を題材としています。設問中にα崩壊についての決定的なヒントもあるため，知識があいまいであっても，解くことができたのではないかと思います。さらに，α崩壊については平成29年度国家一般職［大卒］No.14で出題されています。

なお，㋐に至るまでに，α崩壊は3回起きていますが，このときα崩壊だけでは原子番号が86になるため，β崩壊も2回起きていることがわかります。さらに，その後，α崩壊が5回起きていますが，これだけでは原子番号は78となるため，β崩壊も4回起きることがわかります。

図のように，水平で滑らかな床の上に置かれた質量 m の小物体にばね定数 k の軽いばね
の一端を取り付け，ばねの他端を壁に固定した。小物体を引いて，ばねを自然長から d
だけ伸ばしたところで静かに放すと，小物体は周期 T_1 で単振動した。次に，小物体を質
量 $2m$ のものに，軽いばねをばね定数 $4k$ のものにそれぞれ変え，小物体を引いて，ばね
を自然長から $3d$ だけ伸ばしたところで静かに放すと，小物体は周期 T_2 で単振動した。こ
のとき，$\dfrac{T_2}{T_1}$ として最も妥当なのはどれか。

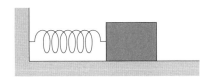

1 $\dfrac{\sqrt{2}}{2}$

2 $\dfrac{2\sqrt{3}}{3}$

3 $\sqrt{2}$

4 2

5 $2\sqrt{3}$

　一般に，質量 m，ばね定数 k のばねを使ったばね振り子の周期 T は，

$$T = 2\pi\sqrt{\frac{m}{k}}$$

で表される。なお，ばねの伸びは関係ない。

　ここで T_2 の場合は，T_1 の場合と比べて，分子の質量が 2 倍，分母のばね定数が 4 倍になっ
ているので，

$$\frac{T_2}{T_1} = \sqrt{\frac{1}{2}} = \frac{\sqrt{2}}{2}$$

正答 **1**

ポイント

「ばね振り子の周期の公式を知っていますか」という問題です。非常に簡単な問題で
すが，公式は確実に覚えておきたいところです。

図のように，屈折率が n の液体において液面から深さ D の位置にある小物体 P を，P の真上からわずかにずれた空気中の1点から見ると，光の屈折により，P が液面から深さ d の位置に浮き上がって見えた。このとき，D として最も妥当なのはどれか。

　ただし，空気の屈折率を1とする。

　なお，角度 θ が十分小さいとき，$\tan\theta \fallingdotseq \sin\theta$ が成り立つ。

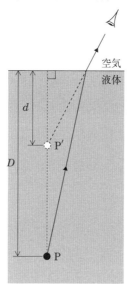

1 $\dfrac{d}{n^2}$

2 $\dfrac{d}{n}$

3 nd

4 $2nd$

5 n^2d

解　説 ━━━━━━━━━━━━━━━━━━━━━━━━━━━

　図のように入射角を α，屈折角を β と置く。また，平行線の同位角，錯角の関係から $\angle P' = \alpha$，$\angle P = \beta$ となる。また，図の水面上の距離を x とする。

　角度がすべて微小角であることに注意して，

$$x = d\tan\alpha = D\tan\beta$$

$$\therefore \quad d\alpha \fallingdotseq D\beta$$

スネルの法則から，

$$n = \frac{\sin\alpha}{\sin\beta} \fallingdotseq \frac{\alpha}{\beta}$$

これより，

$$D = \frac{\alpha}{\beta}d = nd$$

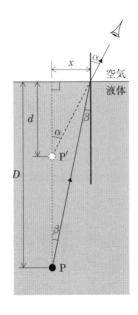

正答　**3**

ポイント

　屈折についての本格的な計算問題です。国家総合職では頻繁に出題があり，たとえば，同じ年の令和4年度国家総合職 No.16 に類題がありますが，国家一般職［大卒］では珍しい問題といえます。

　基本的には，図形の関係とスネルの法則の連立方程式を解くことになります。ただし，設問にある近似には注意が必要です。

　なお，明らかに $n > 1$ では $D > d$ なので，選択肢 **1**，**2** は最初から省けます。

気体の状態変化に関する次の記述の㋐，㋑，㋒に当てはまるものの組合せとして最も妥当なのはどれか。

「圧力，温度，体積がそれぞれ互いに等しい同じ種類の理想気体を，一方を可逆的に等温変化，もう一方を可逆的に断熱変化させて，気体の体積を同じだけ増加させた。このとき，等温変化では気体の温度は変わらないが，断熱変化では，外部にする仕事の分だけ内部エネルギーが　㋐　し，気体の温度が　㋑　。よって，変化後の気体の圧力は，断熱変化のほうが等温変化より　㋒　なる」

	㋐	㋑	㋒
1	減少	下がる	小さく
2	減少	下がる	大きく
3	減少	上がる	大きく
4	増加	下がる	小さく
5	増加	上がる	大きく

　断熱変化では，外との熱のやり取りがないため，気体が仕事を行えば，その分内部エネルギーが減少する。体積を増加させるときに，外部に対して仕事をするため，㋐には「減少」が入る。

　内部エネルギーは絶対温度に比例するので，気体の温度は減少する。したがって，㋑には「下がる」が入る。

　最後に，等温変化と断熱変化で同じ体積だけ変化させた場合で，最初の状態と最後の体積が同じ場合，断熱変化のほうが温度が低くなるため，状態方程式から，圧力も低くなる。したがって，㋒には「小さく」が入る。

　　　　　　　　　　　　　　　　　　　　　　　　　　　　　　　　　　　　　　正答 **1**

ポイント

　気体の熱力学第1法則についての出題です。誘導が丁寧なので，準備がなくても解答しやすい問題といえます。ここで，熱力学第1法則とは，気体の内部エネルギー変化を ΔU，気体がもらう熱量を Q，気体が外部に行う仕事を W とするときに，

　　$\Delta U = Q - W$

とするものです。これは「気体の内部エネルギーは，外から熱をもらうと増加し，外に仕事をすると減る」という内容を式にしたものです。断熱変化では $Q = 0$ となります。

　また，圧力を P，体積を V，比熱比を γ（> 1）とすると，等温変化では PV が，断熱変化では PV^{γ} が一定になります。ここからも㋒を埋めることができます。

磁束密度の大きさが B で鉛直上向きの一様な磁界中で，質量 m，長さ L，抵抗値 R の金属棒を，金属棒が水平になるように，2 本の同じ長さの軽い導線で水平な絶縁棒につり下げた。2 本の導線と金属棒は，形を保ったまま絶縁棒のまわりで自由に回転できるものとする。図のように，導線の上端を電圧 V の直流電源につないで金属棒に電流を流したところ，導線は鉛直方向から30° 傾いてつりあった。このとき，V として最も妥当なのはどれか。

ただし，重力加速度の大きさを g とする。また，閉回路から発生する磁界の影響は無視できるものとする。

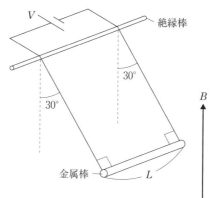

1 $\dfrac{\sqrt{3}\,mgR}{BL}$

2 $\dfrac{\sqrt{3}\,mgR}{3BL}$

3 $\dfrac{\sqrt{3}\,mg}{BLR}$

4 $\dfrac{\sqrt{3}\,mg}{2BLR}$

5 $\dfrac{\sqrt{3}\,mg}{3BLR}$

　金属棒に加わる力のつりあいを考えると，下図のようになる。なお，2本の導線の合力を T としている。ここで，金属棒が磁界から受ける力はフレミングの左手の法則から，金属棒を流れる電流を I として，大きさが IBL となる。

　下図のつりあい式より，

$$IBL = \frac{mg}{\sqrt{3}}$$

ここでオームの法則から $I = \dfrac{V}{R}$ なので，

$$\frac{VBL}{R} = \frac{mg}{\sqrt{3}}$$

$$\therefore \quad V = \frac{mgR}{\sqrt{3}BL} = \frac{\sqrt{3}\,mgR}{3BL}$$

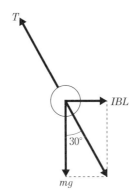

正答　**2**

ポイント

　フレミングの力を応用した問題ですが，まずは力のつりあいを確実に考えることが大切です。なお，力の方向は設問の図を信用してもよいですが，電流方向を左手中指，磁界を左手人差し指方向に合わせてフレミングの左手の法則を使ってもよいでしょう。

図のような回路において，抵抗 R に流れる電流 I の大きさとして最も妥当なのはどれか。

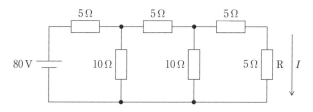

1 1A
2 2A
3 3A
4 4A
5 5A

解説 ━━━━━━━━━━━━━━━━━━━━━━━━━━━━━━━━━━━

　まず，R の部分について，5Ω の抵抗が 2 直列に接続されているため，合成すると 2 つで 10Ω となるが，これと 10Ω の抵抗が並列に接続されているので，どちらにも等しい電流 I が流れる。また，中央の 5Ω の抵抗には $2I$ の電流が流れる。

　さらに，10Ω の抵抗が 2 つ並列になっている部分を合成すると 5Ω となり，これと 5Ω の抵抗が直列に接続されていれば合成 10Ω となる。これと 10Ω の抵抗が並列に接続されると，どちらにも等しい電流 $2I$ が流れる（下図）。したがって，一番左側の 5Ω の抵抗には $4I$ の電流が流れる。

　最後に，下図の矢印に沿ってキルヒホッフの法則を立てると，

$$80 = 4I \times 5 + 2I \times 10$$

$$\therefore \quad I = 2\mathrm{A}$$

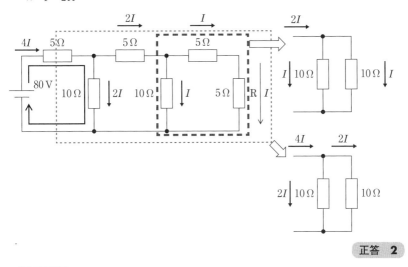

正答 **2**

ポイント

　はしご型回路と呼ばれる回路の中でも特殊なものとして知られています。右側から順に合成していくと，10Ω と 5Ω が交互に現れます。これに気づけば簡単に合成抵抗が 10Ω と求まります。ここから求めることもできます。

図のような, 電圧 V の直流電源, 抵抗値がそれぞれ R_1, R_2 の抵抗, 電気容量 C のコンデンサ, スイッチからなる回路がある。この回路のスイッチを閉じて十分に時間が経過したとき, コンデンサに蓄えられている電気量として最も妥当なのはどれか。

なお, コンデンサに初め電荷は蓄えられていなかったものとする。

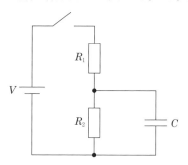

1 $\dfrac{R_1}{R_2}CV$

2 $\dfrac{R_2}{R_1}CV$

3 $\dfrac{2R_2}{R_1}CV$

4 $\dfrac{R_1}{R_1+R_2}CV$

5 $\dfrac{R_2}{R_1+R_2}CV$

解 説 ●━━━━━━━━━━━━━━━━━━━━━━━━━━━━━━━━━━━━━━━

　十分時間が経つと，コンデンサは充電されるため，コンデンサには電流は流れなくなる。そのため，まずはコンデンサ部分を考えず，2つの抵抗の直列回路として考える。直列回路では2つの抵抗を流れる電流は等しいので，抵抗の電圧の比は抵抗の比に等しい。したがって，R_1 と R_2 の電圧の比は $R_1 : R_2$ なので，R_2 に加わる電圧は $\dfrac{R_2 V}{R_1 + R_2}$ となる。コンデンサは R_2 に並列に接続されているため，コンデンサに加わる電圧は同じく $\dfrac{R_2}{R_1 + R_2} V$ である。したがって，求める電気量は $\dfrac{R_2}{R_1 + R_2} CV$ となる。

正答　**5**

ポイント

　コンデンサの入った回路の基本問題で，過去に何回か類題が出題されています（たとえば，平成25年度国家一般職［大卒］No.19）。コンデンサの入った回路では，まずは電流がどこかに流れるのか，流れないのかを見極める必要があります。流れるのであれば，まずはその部分について，直流回路の問題のつもりで解きます。その後に，コンデンサの電圧を求めることになりますが，このときには，どの抵抗（複数の場合もある）の両端に接続したのかに注目します。

令和4年度

地方上級

●出題内訳表

No.	科目	出題内容
1	数学	対数
2		微分
3		空間座標
4		確率
5		フローチャート
6		論理
7	物理	運動方程式
8		万有引力と等速円運動
9		干渉
10		P-V線図

次の不等式

$$\left(\frac{1}{30}\right)^{30} < 10^{-n}$$

を満たす自然数 n の最大値はいくらか。

ただし，$\log_{10}3 = 0.4771$ とする。

1 14

2 15

3 44

4 45

5 55

解説

与えられた不等式の常用対数（底が 10 の対数）をとる。

$$30\log_{10}\frac{1}{30} = -30\log_{10}30 = -30(\log_{10}3 + \log_{10}10)$$

$$= -30(0.4771 + 1) = -44.313$$

$$\log_{10}10^{-n} = -n$$

であることから，与えられた不等式は，

$$-44.313 < -n$$

$$\therefore \quad n < 44.313$$

となる。これを満たす最大の自然数 n は，$n = 44$ である。

正答 **3**

ポイント

非常に簡単な常用対数の計算問題です。最後に，n が自然数であることを利用しますが，選択肢に正答の隣の値である 45 もあるので，不用意に選ばずに，しっかり検討しましょう。

関数

$$y = x^3 - 3x + 2 \quad (-\sqrt{2} \leqq x \leqq \sqrt{2})$$

の最大値と最小値はいくらか。

	最大値	最小値
1	$2 + \sqrt{2}$	$\sqrt{2} - 2$
2	$2 + \sqrt{2}$	0
3	$2 + \sqrt{2}$	$2 - \sqrt{2}$
4	4	0
5	4	$2 - \sqrt{2}$

解説

与えられた式を微分して,

$$y' = 3x^2 - 3 = 3(x - 1)(x + 1)$$

となるので,この関数の増減表は次のようになる。

x	$-\sqrt{2}$	$\cdots$	-1	$\cdots$	1	$\cdots$	$\sqrt{2}$
$f'(x)$		$+$	0	$-$	0	$+$	
$f(x)$	$2 + \sqrt{2}$	↗	4	↘	0	↗	$2 - \sqrt{2}$

これより,最大値は4,最小値は0である。

正答 **4**

ポイント

　微分の最初歩の問題で,確実に正解する必要があります。定義域が限られているので,必ず端点を調べる必要がありますが,結局は極値が答えとなっています。

次の方程式は空間上の球面を表している。

$$(x+2)^2 + (y-1)^2 + (z-3)^2 = 15$$

この球面とxy平面の交わりは円となる。この円の半径はいくらか。

1 $\sqrt{3}$　　**2** $\sqrt{5}$

3 $\sqrt{6}$　　**4** 3

5 $\sqrt{15}$

解説

解法1：直角三角形を考える

　与えられた球の頂点の座標は $(-2,\ 1,\ 3)$ であり，半径は $R = \sqrt{15}$ である。また，xy平面とは $z=0$ のことであり，ある点と $z=0$ との距離は点の z 座標の絶対値で求められるので，球の中心と xy平面の距離は3である。したがって，求める円の半径を r とすると，下図の直角三角形に対する三平方の定理より，

$$r = \sqrt{R^2 - 3^2} = \sqrt{15-9} = \sqrt{6}$$

となる。

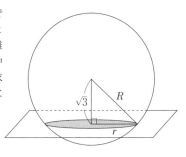

解法2：平面の式を代入する

　xy平面の式は $z=0$ なので，これを球の式に代入すると，

$$(x+1)^2 + (y-1)^2 = 15 - 9 = 6$$

となる。これは半径 $\sqrt{6}$ の円を表す。

正答 **3**

ポイント

　空間の球とその交わりの円に関する問題は，同じ年の令和4年度国家総合職 No.3 で出題されています。また，平成23年度国家Ⅰ種（現国家総合職）No.3 にも今回と同じような図形をテーマにした出題があります。以前は地方上級でも似たような出題がありましたが，近年はありませんでした。

　解法1がスタンダードなものです。一方，解法2は，この解答だけとるときわめて簡単に見えます。しかし，一般にはこの解法は正しいものではありません。たとえば，平面 $x+y=0$ との交わりの円を求めようとするときに，球の式に $y=-x$ を代入しても出てくるのは楕円の式です。これは，交わりの円を zx平面に正射影した楕円となります。解法2のように代入して，正しい式が出てくるのは，xy平面，yz平面，zx平面に平行な平面の場合のみです。この理由は難しいため，基本的には解法1を考えるのがよいでしょう。

袋の中に白球7個と赤球3個が入っている。

　この袋の中から同時に3個の球を取り出すとき，3個が同色となる確率はいくらか。

1 $\dfrac{217}{720}$

2 $\dfrac{217}{712}$

3 $\dfrac{227}{712}$

4 $\dfrac{3}{10}$

5 $\dfrac{29}{100}$

解　説

　3個の球を順番に戻さずに取り出すと考えても変わりはない。3個とも白球となる確率は，

$$\dfrac{7}{10} \times \dfrac{6}{9} \times \dfrac{5}{8} = \dfrac{7}{24}$$

3個とも赤球となる確率は，

$$\dfrac{3}{10} \times \dfrac{2}{9} \times \dfrac{1}{8} = \dfrac{1}{120}$$

したがって，求める確率は，

$$\dfrac{7}{24} + \dfrac{1}{120} = \dfrac{36}{120} = \dfrac{3}{10}$$

正答 **4**

ポイント

　地方上級での確率の出題は平成26年度以来となります。そのときの問題と同様，非常に易しい問題が出題されました。

　解説では積の法則を使っていますが，もちろん場合の数を数えてもよいでしょう。すべての場合の数は $_{10}C_3 = 120$〔通り〕，求める場合の数は $_7C_3 + _3C_3 = 35 + 1 = 36$〔通り〕となります。

次のフローチャートは，$0 \sim 100$ の整数の値をとる配列 $D(1)$, $D(2)$, $\cdots$, $D(N)$ に対し，その平均 S，最大値 $D\mathrm{max}$，最小値 $D\mathrm{min}$ を計算するものである。空欄ア，イに当てはまるのはどれか。

	ア	イ
1	$D\mathrm{min} \leftarrow 0$	$K < N$
2	$D\mathrm{min} \leftarrow 0$	$K = N$
3	$D\mathrm{min} \leftarrow 0$	$K > N$
4	$D\mathrm{min} \leftarrow 100$	$K = N$
5	$D\mathrm{min} \leftarrow 100$	$K < N$

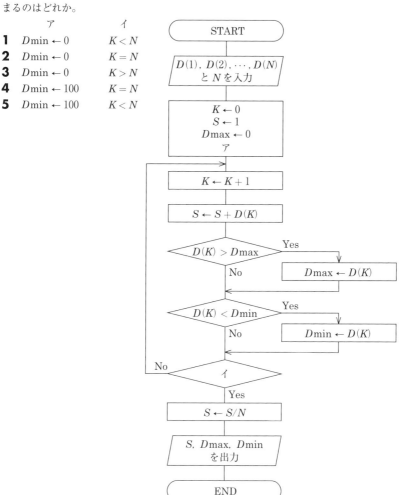

解説

空欄アについて：

空欄アは $D\min$ に関係する部分である。これは最小値を見つけるところであるが，フローチャート中で，この値に変化がある場所を探すと，$D(K) < D\min$ となった場合に，この $D(K)$ を $D\min$ に代入している。つまり，より小さな $D(K)$ が見つかるたびに $D\min$ に代入していることになる。

ところで $D(K)$ は $0 \sim 100$ の整数の値をとるため，もし最初から $D\min \leftarrow 0$ としてしまうと，これより小さい値は存在しないため，$D\min$ の値は最後まで 0 のままになってしまい，最小値を見つけることはできない。

一方，$D\min \leftarrow 100$ であれば，これは値の上限であるため，その後これより小さい値が見つかれば更新されることになる。

したがって，空欄アには「$D\min \leftarrow 100$」が入る。

空欄イについて：

K を 1 から増やしている（$K \leftarrow K + 1$）ので，最後に調べるのは $K = N$ の場合である。このとき，$K = N$ として，$D(K) < D\min$ を通った後に，そのままの K の値で空欄イに到達して，これで Yes を通って終える必要があるため，空欄イには「$K = N$」が入る。なお「$K > N$」が入ると，$K = N$ では No となるため，さらに $K = N + 1$ の場合を調べようとしてエラーとなる。また，$K < N$ では，そもそも最初の $K = 1$ のときに Yes となって，配列の以降の値が調べられないことになる。

正答 **4**

ポイント

過去にも平均を求めるフローチャート，最大値・最小値を求めるフローチャートは出題されています（平成 25，26，令和元年度の地方上級のいずれも No.5。『公務員試験　技術系　新スーパー過去問ゼミ　工学に関する基礎（数学・物理）』〈実務教育出版〉p.166，177 掲載）が，この両者を求めるフローチャートは珍しいといえます。ただし，出題はループ処理の終了条件と最小値の初期値という割と易しいところを問うています。類題を解いたことがあれば，容易に解けたでしょう。空欄アがわかれば，空欄イは容易に誤りとわかる $K < N$ さえ除外できれば正答が選択肢 **4** と判明します。

フローチャートは学習量が少なくなりがちな分野なので，空欄補充という形式も加わって手も足も出なかった受験生も少なくなかったでしょう。その意味で，今後の学習の目安となる難易度ともいえそうです。

次の図 I は NAND 回路の図と真理値表である。NAND 回路を使って作られた図 II の回路の真理値表として正しいのはどれか。

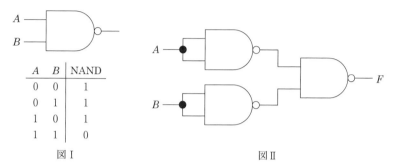

A	B	NAND
0	0	1
0	1	1
1	0	1
1	1	0

図 I

図 II

1

A	B	F
0	0	1
0	1	0
1	0	0
1	1	0

2

A	B	F
0	0	1
0	1	1
1	0	0
1	1	0

3

A	B	F
0	0	0
0	1	1
1	0	1
1	1	1

4

A	B	F
0	0	1
0	1	0
1	0	1
1	1	0

5

A	B	F
0	0	1
0	1	1
1	0	1
1	1	0

まず, 左下図 (図1) の真理値表をかく。設問で与えられた NAND の真理値表から, 次のようになる。

A	出力
0	1
1	0

つまり, これは NOT 回路と等価である。したがって, 設問の図Ⅱは以下の図2の回路と同じになる。

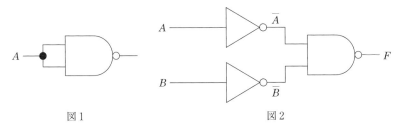

図1   図2

そこで順に調べて真理値表をかくと, 次のようになる。

A	B	$\overline{A}$	$\overline{B}$	F
0	0	1	1	0
0	1	1	0	1
1	0	0	1	1
1	1	0	0	1

正答 **3**

ポイント

論理回路は地方上級ではたびたび出題されています。また, NAND 素子も出題があります。基本的には真理値表をかけば解けるため, 一度でも解いたことがあるかどうかで解けた, 解けないが分かれたのではないかと思います。

ただ, 本問の図Ⅱの入力は見たことのない受験生がほとんどだったのではないでしょうか。単純に同じ値を入力すればよいのですが, これに惑わされずにすべての値を調べることが大切です。

なお, 選択肢を使えば, 入力をすべて調べる前に正答がわかります。

水平で滑らかな床の上に質量 M の直方体の物体Aがあり，その上に質量 m の物体Bが載っている。A と B の間には摩擦力がはたらき，B は糸で水平に壁につながれている。

　物体Aに図のように水平右向きの力 F を加えたところ，A は加速度 a で運動した。このとき，物体Aにはたらく水平方向の合力の大きさ F_A と，糸の張力 T はどれか。

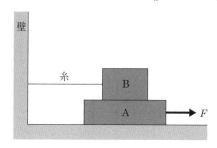

	F_A	T
1	Ma	$F - ma$
2	Ma	$F - Ma$
3	F	$F - ma$
4	F	$F - Ma$
5	$F - Ma$	$F - ma$

　A，Bそれぞれについて別々に力をかくと次のようになる。ただし，A，B間の摩擦力をRとする。Aについての運動方程式から，F_A がAにはたらく水平方向の力の合力であることに注意して，

　　$Ma = F_A = F - R$

　したがって，$F_A = Ma$ となる。また，この式から $R = F - Ma$ である。

　次に，Bについての水平方向の力のつりあいより，

　　$T = R = F - Ma$

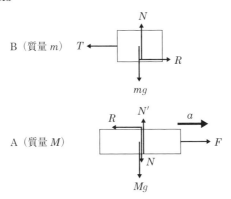

ポイント

　運動方程式，力のつりあいの標準的な問題ですが，F_A については，単純すぎて何をすればよいのかわからなかった受験生もいたかもしれません。

　また，本問で図示していますが，力を見つけるときには一つひとつ物体を見ることが大切です。なお，解くに当たっては，水平方向の力だけ図示すれば十分ですが，解説の図では鉛直方向も図示しています。この際，N はAとBの間の垂直抗力，N' はAと床の間の垂直抗力，g は重力加速度です。

万有引力を受けた運動に関する次の文の空欄ア〜エのうち，イ，ウ，エに当てはまるのはどれか。

「地球の質量を M，万有引力定数を G とすると，地球の中心から距離 r の位置にいる質量 m の人工衛星が受ける万有引力の大きさは ア となる。この人工衛星が速さ v で等速円運動しているとき，人工衛星が受ける向心力の大きさは イ となるので，速さ v は ウ となる。このことから，人工衛星の運動の周期は エ となる」

	イ	ウ	エ
1	$m\dfrac{v^2}{r}$	$\sqrt{\dfrac{GM}{r}}$	$\dfrac{2\pi}{\sqrt{GM}}r^{\frac{1}{2}}$
2	$m\dfrac{v^2}{r}$	$\sqrt{\dfrac{GM}{r}}$	$\dfrac{2\pi}{\sqrt{GM}}r^{\frac{3}{2}}$
3	$m\dfrac{v^2}{r}$	$\sqrt{\dfrac{GM}{r^3}}$	$\dfrac{2\pi}{\sqrt{GM}}r^{\frac{1}{2}}$
4	mrv^2	$\sqrt{\dfrac{GM}{r^3}}$	$\dfrac{2\pi}{\sqrt{GM}}r^{\frac{1}{2}}$
5	mrv^2	$\sqrt{\dfrac{GM}{r^3}}$	$\dfrac{2\pi}{\sqrt{GM}}r^{\frac{3}{2}}$

解 説

　まず，万有引力の公式から，人工衛星が受ける万有引力の大きさを F とすると，

$$F = G\frac{Mm}{r^2}$$

となる。これが空欄アに入る。

　次に，等速円運動をしているときの向心力の大きさを F' とすると，

$$F' = m\frac{v^2}{r}$$

となる。この右辺が空欄イに入る。

　$F = F'$ なので，

$$G\frac{Mm}{r^2} = m\frac{v^2}{r}$$

$$\therefore \quad v = \sqrt{\frac{GM}{r}}$$

この右辺が空欄ウに入る。

　したがって，求める周期を T とすると，

$$T = \frac{2\pi r}{v} = 2\pi r\sqrt{\frac{r}{GM}} = \frac{2\pi}{\sqrt{GM}}r^{\frac{3}{2}}$$

この右辺が空欄エに入る。

正答　**2**

ポイント

　万有引力を受けて等速円運動をする物体の問題は，地方上級では頻出です。たとえば平成25年度に出題された問題（No.8）が，『公務員試験　技術系　新スーパー過去問ゼミ　工学に関する基礎（数学・物理）』（実務教育出版）p.279に掲載されています。誘導は異なりますが，最終的に同じ周期を問うています。

　誘導が丁寧で，万有引力の公式と向心力（遠心力）の公式を覚えていれば確実に解くことができます。高校卒業以降あまり使わない公式かもしれませんが，覚えておいてください。

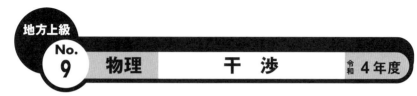

くさび型の装置を用いた光の干渉に関する次の文の空欄ア，イ，ウに当てはまるのはどれか。

「図のように，2枚のガラス板1，2を端Aで重ね，反対側のAからlだけ離れた位置に厚さhの薄い紙を挟み，くさび状の空気塊をつくった。

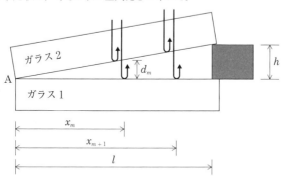

ここに上方から鉛直に波長λの光を入れると，ガラス板2の下面とガラス板1の上面で反射した光が干渉して明るい縞模様となった。

このAから数えてm番目の明るい線がAから距離x_mの位置にできたとする。この位置の2枚のガラス板の間隔をd_mとすると，ガラス板2の下面で反射する光の位相は変わらないが，ガラス板1の上面で反射した光の位相は反射のときに反転するので ア が成り立つ。

ここで，相似の関係から$\dfrac{d_m}{x_m} =$ イ が成り立つので，明るい縞模様の間隔をΔxとすると，$\Delta x = x_{m+1} - x_m =$ ウ となる」

	ア	イ	ウ
1	$2d_m = \left(m - \dfrac{1}{2}\right)\lambda$	$\dfrac{h}{l}$	$\dfrac{l\lambda}{2h}$
2	$2d_m = \left(m - \dfrac{1}{2}\right)\lambda$	$\dfrac{h}{l}$	$\dfrac{2h}{l\lambda}$
3	$2d_m = \left(m - \dfrac{1}{2}\right)\lambda$	$\dfrac{l}{h}$	$\dfrac{2l}{h\lambda}$
4	$d_m = \left(m - \dfrac{1}{2}\right)\lambda$	$\dfrac{h}{l}$	$\dfrac{l\lambda}{h}$
5	$d_m = \left(m - \dfrac{1}{2}\right)\lambda$	$\dfrac{l}{h}$	$\dfrac{h\lambda}{l}$

空欄アについて：

　設問の図に出てきた2つの干渉する光の移動経路の距離の差は $2d_m$ である。2つの光の位相の差が，波長の整数倍（$m\lambda$）になると干渉して強め合い，明るくなるが，設問にもあるとおり，ガラス板1の上面で反射する光の位相が反転するので，その分，半波長ずれることに注意すると，明るくなる条件は，

$$2d_m = \left(m - \frac{1}{2}\right)\lambda$$

となる。これが空欄アに当てはまる。

空欄イについて：

　下図の打点と斜線の三角形は相似なので，

$$\frac{d_m}{x_m} = \frac{h}{l}$$

この右辺が空欄イに当てはまる。

空欄ウについて：

　空欄イの式を空欄アの式に代入すると，

$$\frac{2h}{l}x_m = \left(m - \frac{1}{2}\right)\lambda$$

$$\therefore \quad x_m = \left(m - \frac{1}{2}\right)\frac{l\lambda}{2h}$$

また，m を1つ増やして，

$$x_{m+1} = \left(m + \frac{1}{2}\right)\frac{l\lambda}{2h}$$

これを引き算して，

$$\Delta x = x_{m+1} - x_m = \frac{l\lambda}{2h}$$

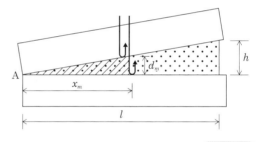

正答　**1**

密閉された容器内で理想気体を図のようにA→B→C→Aと変化させた。ただし，B→Cは気体の圧力を*P*，気体の体積を*V*として積*PV*が一定となる変化である。次のア〜オのうち正しいもののみをすべて挙げたのはどれか。

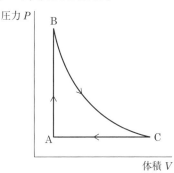

ア　A→Bでは気体の内部エネルギーは増加する。
イ　B→Cでは気体は外部に仕事をする。
ウ　B→Cでは気体は外部に熱の受け渡しをしない。
エ　C→Aでは気体の内部エネルギーが増加する。
オ　C→Aでは気体は外部に熱を放出する。

1　ア，イ，エ
2　ア，イ，オ
3　ア，ウ，オ
4　イ，ウ，エ
5　イ，エ，オ

解説 ━━━━━━━━━━━━━━━━━━━━━━━━━━━━━━━━

　状態方程式から*PV* = *nRT*（*n*：物質量，*R*：気体定数，*T*：絶対温度）なので，積*PV*が一定なら，右辺も一定である。*nR*は定数なので，積*PV*が一定になる変化とは等温変化のことである。これを踏まえて解答する。
　ア　正しい。内部エネルギーは気体の絶対温度に比例する。A→Bでは積*PV*が増加

する（P が増加し，V は一定）ので，温度は増加する。したがって，内部エネルギーも増加する。

イ　正しい。B → C では体積が増加しているので，外部に仕事をしている。なお，仕事は $W = \int PdV$ で表される，$P\text{-}V$ 線図では，変化の下側の符号付き面積である。この変化では符号付き面積が正になるので，仕事が正と考えてもよい。

ウ　誤り。B → C は等温変化であり断熱変化ではないので，熱の受け渡しがある。なお，下図のように B を通る断熱変化の線より上側に向かう変化なので，熱を受け取る過程であることがわかる。

エ　誤り。C → A は定圧圧縮であり，積 PV が減少する（P が一定で，V が減少）ので温度も減少する。したがって，内部エネルギーは減少する。

オ　正しい。下図のように，C を通る断熱線をかくと，その下側に向かって変化することになる。したがって，この過程では外部に熱を放出している（排熱過程）。

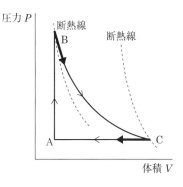

正答　2

ポイント

　地方上級では熱力学範囲からの出題は多くなっていますが，本問のような $P\text{-}V$ 線図に関する本格的な問題が出題されるのは珍しいといえます。まったく用意がない場合には，難しかったのではないかと思います。

　本問では，内部エネルギーの大小，熱の正負が問われています。内部エネルギーは「温度エネルギー」のようなものだとイメージするとよいでしょう。すると，温度の大小が問題だとわかります。熱の正負について問われるのは珍しいですが，過去にはたとえば平成 25 年度労働基準監督 B（『公務員試験　技術系　新スーパー過去問ゼミ　工学に関する基礎（数学・物理）』〈実務教育出版〉p.310 掲載）で問われています。$P\text{-}V$ 線図を使わない場合には，熱力学第 1 法則を考えることになります。たとえば，B → C では，内部エネルギーが一定にもかかわらず外部に仕事をしているため，気体は熱を受け取っていることがわかります。また，C → A では，気体が外部から仕事をもらっているにもかかわらず内部エネルギーが減少しているため，熱を外部に放出しているとわかります。

令和3年度

国家総合職

●出題内訳表

工学区分のNo.	科目	出題内容	数理科学・物理・地球科学区分のNo.	化学・生物・薬学区分のNo.
1	数学	無理数の計算		1
2		複素数	1	11
3		ベクトルと曲線の長さ	2	12
4		微分		
5		積分	3	
6		標準偏差	4	13
7		1次変換	6	
8		フローチャート	5	
9		確率分布		
10	物理	角運動量の保存	67	
11		力・モーメントのつりあい		
12		弾性体の力学	71	
13		斜方投射	16	14
14		気体と仕事	17	
15		波のグラフ		
16		ドップラー効果	18	15
17		電磁誘導		
18		相互誘導		16
19		直流回路		
20		コンデンサの入った回路	19	

$a = 1 - \sqrt[3]{5}$ のとき，$a^4 - 2a^3 + 9a + 7$ はいくらか。

1 1

2 $5 - 2\sqrt[3]{5}$

3 $13 - 10\sqrt[3]{5}$

4 $21 - 10\sqrt[3]{5}$

5 $25 - 12\sqrt[3]{5}$

解説

$\sqrt[3]{5} = 1 - a$

を3乗して,

$5 = (1-a)^3 = 1 - 3a + 3a^2 - a^3$

これを整理して,

$a^3 = 3a^2 - 3a - 4$

両辺に a を掛けて,

$a^4 = 3a^3 - 3a^2 - 4a$

したがって,

$$a^4 - 2a^3 + 9a + 7 = a^3 - 3a^2 - 4a + 9a + 7$$
$$= (3a^2 - 3a - 4) - 3a^2 + 5a + 7$$
$$= 2a + 3$$
$$= 5 - 2\sqrt[3]{5}$$

正答 **2**

ポイント

　次数下げを利用した問題は,前年の令和2年度国家総合職 No.7(行列の問題)でも出題がありました。そのため,用意していた人も多かったのではないでしょうか。なお,整式の割り算をして,

$a^4 - 2a^3 + 9a + 7 = (a^3 - 3a^2 + 3a + 4)(a + 1) + 2a + 3$

と計算するのも,本問では速く解くことができます。

次の記述の㋐，㋑に当てはまるものの組合せとして正しいのはどれか。

「1 の 5 乗根のうち，虚数であるものの一つを ω とすると，

$$1 + \omega + \omega^2 + \omega^3 + \omega^4 = \boxed{㋐},$$

$$1 + 2\omega + 3\omega^2 + 4\omega^3 + 5\omega^4 = \boxed{㋑}$$

となる」

	㋐	㋑
1	0	$\dfrac{3}{\omega - 1}$
2	0	$\dfrac{4}{\omega - 1}$
3	0	$\dfrac{5}{\omega - 1}$
4	1	$\dfrac{4}{\omega - 1}$
5	1	$\dfrac{5}{\omega - 1}$

$$\omega^5 - 1 = 0$$

の左辺を因数分解すると,

$$(\omega - 1)(\omega^4 + \omega^3 + \omega^2 + \omega + 1) = 0$$

$$\therefore \quad 1 + \omega + \omega^2 + \omega^3 + \omega^4 = 0$$

これが㋐に入る。

次に,

$$s = 1 + 2\omega + 3\omega^2 + 4\omega^3 + 5\omega^4$$

と置くと,

$$\omega s = \omega + 2\omega^2 + 3\omega^3 + 4\omega^4 + 5\omega^5$$

下の式から上の式を引くと,

$$(\omega - 1)s = -1 - \omega - \omega^2 - \omega^3 - \omega^4 + 5\omega^5 = 5 \quad (\text{㋐の結果と } \omega^5 = 1 \text{ から})$$

これより,

$$s = \frac{5}{\omega - 1}$$

この右辺が㋑に入る。

正答 **3**

ポイント

　複素数を題材にしていますが,㋑の計算は,数列の問題のようです。

　この問題では,選択肢が大きなヒントになっていて,解説と実質的に同じことになりますが,

$$(\omega - 1)(1 + 2\omega + 3\omega^2 + 4\omega^3 + 5\omega^4)$$

を展開しても㋑の答えを導くことができます。なお,本問と同じような計算は,令和元年度国家総合職 No.9 でも出題されています。

O を原点とする xyz 空間において，定点 A $(1,\ 1,\ 0)$ と $t\,(0 \leqq t \leqq \pi)$ を媒介変数とする動点 P $(1 + \cos t,\ 1 - \cos t,\ \sqrt{2} \sin t)$ を考える。このとき，$\overrightarrow{\mathrm{OA}}$ と $\overrightarrow{\mathrm{AP}}$ のなす角 $\theta\ (0 \leqq \theta \leqq \pi)$ および P が描く曲線の長さ L の組合せとして正しいのはどれか。

	θ	L
1	0	$\sqrt{2}\,\pi$
2	0	$2\sqrt{2}\,\pi$
3	$\dfrac{\pi}{4}$	2π
4	$\dfrac{\pi}{2}$	$\sqrt{2}\,\pi$
5	$\dfrac{\pi}{2}$	$2\sqrt{2}\,\pi$

解説 ●━━━━━━━━━━━━━━━━━━━━━━━━━━━━━━

$\overrightarrow{\mathrm{OA}} = (1,\ 1,\ 0)$, $\overrightarrow{\mathrm{AP}} = \overrightarrow{\mathrm{OP}} - \overrightarrow{\mathrm{OA}} = (\cos t,\ -\cos t,\ \sqrt{2}\sin t)$

となるので，内積をとると，

$\overrightarrow{\mathrm{OA}} \cdot \overrightarrow{\mathrm{AP}} = \cos t - \cos t = 0$

したがって，$\overrightarrow{\mathrm{OA}}$ と $\overrightarrow{\mathrm{AP}}$ がなす角度は $\theta = \dfrac{\pi}{2}$ である。

次に，軌跡の長さを求める。一般に，軌跡の長さ L は，曲線が媒介変数 t で $(x(t),\ y(t),\ z(t))$ と表される場合，

$$L = \int \sqrt{\left(\frac{dx}{dt}\right)^2 + \left(\frac{dy}{dt}\right)^2 + \left(\frac{dz}{dt}\right)^2}\, dt$$

で計算できる。本問では P の座標を使えばよく，

$$\left(\frac{dx}{dt},\ \frac{dy}{dt},\ \frac{dz}{dt}\right) = (-\sin t,\ \sin t,\ \sqrt{2}\cos t)$$

となる。したがって，

$$\left(\frac{dx}{dt}\right)^2 + \left(\frac{dy}{dt}\right)^2 + \left(\frac{dz}{dt}\right)^2 = (-\sin t)^2 + \sin^2 t + 2\cos^2 t = 2$$

となるので，

$$L = \int_0^\pi \sqrt{2}\, dt = \sqrt{2}\,\pi$$

正答 **4**

ポイント

空間ベクトルを題材とした問題で，過去の出題が少ないことから，正答できた人は少ないようです。

前半の角度についてはベクトルを計算すれば済みます。後半はまったく様子が変わって積分が必要になります。このギャップが思いがけなかったのかもしれません。なお，空間図形における曲線の長さを積分で求める問題は，過去 20 年で出題がありませんが，平面図形の曲線の長さであれば，平成 20 年度国家Ⅱ種試験（現国家一般職［大卒］）No.4 で出題されています。この問題を問題集で解いてあれば，空間の場合の公式も容易に推測できたと思われます。

ただし，問題番号順からすると，出題者は，積分ではなく，単純に空間図形の問題を想定していたのかもしれません。実は，本問の点 P の軌跡は，平面 $x + y = 2$ 上で点 A を中心とする半径 $\sqrt{2}$ の円の半分です。これに気づけば，すぐに $L = \sqrt{2}\,\pi$ とわかります。とはいえ，空間座標は平成 19 年度を最後として出題がなくなって長いうえ，空間において，円の方程式は簡単には表現できませんので，気づいた人は少なかったと思われます。

正の実数 x, y が $x + y = 2$ を満たすとき，$(x+1)^{x+1}y^y$ の最小値はいくらか。

1 2　　　**2** $\dfrac{9}{4}$　　　**3** $\dfrac{64}{27}$

4 $\dfrac{27}{8}$　　　**5** 4

解説

自然対数をとって，

$$f(x, y) \equiv \log_e (x+1)^{x+1} y^y = (x+1)\log_e(x+1) + y\log_e y$$

の最小値を考える。条件から $y = 2 - x$ を代入して，

$$f(x) = (x+1)\log_e(x+1) + (2-x)\log_e(2-x) \quad (\text{ただし，} 0 < x < 2)$$

これを積の微分公式に注意して，x で微分して，

$$f'(x) = \log_e(x+1) + (x+1) \times \frac{1}{x+1} - \log_e(2-x) + (2-x) \times \frac{-1}{2-x}$$

$$= \log_e(x+1) - \log_e(2-x) = 0$$

したがって，

$$x + 1 = 2 - x$$

$$\therefore \quad x = \frac{1}{2}, \ y = \frac{3}{2}$$

これを求める関数に代入して，

$$\left(\frac{1}{2} + 1\right)^{\frac{1}{2}+1} \times \left(\frac{3}{2}\right)^{\frac{3}{2}} = \left(\frac{3}{2}\right)^3 = \frac{27}{8}$$

正答 **4**

ポイント

　条件付き最適化の典型的問題で，国家総合職ではたびたび出題されています（たとえば本問と似ている問題として，平成18年度国家Ⅰ種〈現国家総合職〉No.4）。本問ではそのまま微分するのは難しいため，まずは対数をとることになります。対数をとれば，解説のように1文字消去してもよいですし，ラグランジュの未定乗数法でも容易に解くことができます。なお，解説では y を消去しましたが，x を消去するほうが少しだけ計算が楽かもしれません。

　ところで，本問では，$z = x + 1$ と置くと，条件は $z + y = 3$，目的関数は $z^z y^y$ となり，z と y の対称式となります。これであれば，答えが $y = z = \dfrac{3}{2}$ になることは容易に想像がつきます（先に挙げた平成18年度の問題でも同様の手法が使えました）。

曲線 $y = x(1-x)^{\frac{1}{3}}$ $(0 \leq x \leq 1)$ および x 軸で囲まれた xy 平面上の領域を，x 軸のまわりに 1 回転してできる立体の体積はいくらか。

1 $\dfrac{17}{220}\pi$

2 $\dfrac{27}{220}\pi$

3 $\dfrac{37}{220}\pi$

4 $\dfrac{237}{220}\pi$

5 $\dfrac{357}{220}\pi$

解説

求める体積を V と置くと，回転体の体積の公式より，

$$V = \pi\int y^2 dx = \pi\int_0^1 x^2(1-x)^{\frac{2}{3}}\,dx$$

ここで，$t = 1-x$ と置くと，$dt = -dx$ であり，積分区間については，

x	0	$\cdots$	1
t	1	$\cdots$	0

となる。したがって，

$$V = \pi\int_1^0 (1-t)^2 t^{\frac{2}{3}}(-dt) = \pi\int_0^1 (1-2t+t^2)t^{\frac{2}{3}}\,dt$$

となる。これを展開して積分すると，

$$V = \pi\int_0^1 \left(t^{\frac{2}{3}} - 2t^{\frac{5}{3}} + t^{\frac{8}{3}}\right)dt = \pi\left[\frac{3}{5}t^{\frac{5}{3}} - \frac{3}{4}t^{\frac{8}{3}} + \frac{3}{11}t^{\frac{11}{3}}\right]_0^1 = \frac{27}{220}\pi$$

正答 **2**

ポイント

　回転体の体積の問題は国家総合職でも頻出で，平成 23 年度国家 I 種（現国家総合職）No.5 で出題されています。また，本問のような置換積分を使う問題としては，平成 20 年度国家 I 種 No.9 や，令和元年度国家一般職［大卒］No.4 が挙げられます。

　本問は，結局は積分ができたかどうかの計算問題です。積分については計算できるかをストレートに問うことが多いため，対策として多くの問題で練習しておく必要があります。

袋の中に1から7までの数字が1つずつ書かれた7個の球が入っている。この袋の中から無作為に1個の球を取り出し，球に書かれた数字を記録してから袋の中に戻す試行を2回繰り返す。1回目および2回目に出た球の数字をそれぞれ A，B とするとき，確率変数 $10A + B$ の標準偏差はいくらか。

　なお，確率変数 X の分散を $V(X)$ と表すとき，任意の定数 a に対し $V(aX) = a^2 V(X)$ が成り立つ。

1 $2\sqrt{11}$

2 $\sqrt{55}$

3 $\sqrt{202}$

4 $2\sqrt{101}$

5 22

解 説

　まず，A（と B）の標準偏差 σ_A を求める。平均値は $\dfrac{1+7}{2} = 4$ なので，

$$\sigma_A = \sqrt{\dfrac{(1-4)^2 + (2-4)^2 + (3-4)^2 + (4-4)^2 + (5-4)^2 + (6-4)^2 + (7-4)^2}{7}} = 2$$

　$10A$ の標準偏差は $10\sigma_A = 20$ である。一般に，2つの確率変数 X，Y の標準偏差をそれぞれ σ_X，σ_Y とすると，X と Y が独立の場合の $X + Y$ の標準偏差 σ_{X+Y} は，

$$\sigma_{X+Y} = \sqrt{\sigma_X^2 + \sigma_Y^2}$$

で計算できるので，$10A + B$ の標準偏差は，

$$\sqrt{20^2 + 2^2} = 2\sqrt{101}$$

正答 **4**

ポイント

　本問最大のポイントは，解説で出てきた公式を知っていたかどうかです。知っていれば，あとは1回の試行における標準偏差を求めるだけで答えを出せます。なお，解説の σ_A の計算は，実際には下（上）半分の1～3（5～7）の和を2倍したほうがよいでしょう。

　この公式は，過去にも平成26年度国家総合職 No.9 で使われています。また，似たような問題として，平成29年度国家総合職 No.9 も挙げられます。このような過去問を解いていたかが，この問題を解くうえで大きな鍵になったものと思われます。

xyz 空間における1次変換 $f\left(\begin{bmatrix} x \\ y \\ z \end{bmatrix}\right) = \begin{bmatrix} x+y-z \\ x-z \\ z \end{bmatrix}$ によって，平面 $x+2y-z=1$ が移る

図形の方程式として正しいのはどれか。

1 $2x-y=1$　　　**2** $-2x+y-z=0$　　　**3** $-x+2z=1$

4 $x-2y+z=0$　　　**5** $3x+y-4z=1$

解説

解法1：逆変換を考える

平面 $x+2y-z=1$ 上の点 (x', y', z') を考える。つまり，

$x'+2y'-z'=1$

ここで，与えられた1次変換によって移った先の点を (x, y, z) と置く。このとき，

$$\begin{cases} x = x'+y'-z' \\ y = x'-z' \\ z = z' \end{cases}$$

まず $z'=z$ であり，これを y の式に代入すると，$x'=y+z'=y+z$ となる。これらを x の式に代入すると，

$y' = x-x'+z' = x-(y+z)+z = x-y$

となる。これらを $x'+2y'-z'=1$ に代入すると，

$y+z+2(x-y)-z = 2x-y = 1$

となる。

解法2：特定の点を考える

点 $(1, 0, 0)$ は平面 $x+2y-z=1$ の式を満たすので，この平面上にある。これを与えられた式に代入すると，$(1+0-0, 1-0, 0)=(1, 1, 0)$ に移ることがわかる。選択肢の中で，この点が載るのは選択肢 **1** の $2x-y=1$ のみである（具体的に座標の値を代入する）。

正答　**1**

ポイント

非常に珍しい，空間の1次変換の問題です。過去には数理科学・物理・地球物理区分での出題はありますが，工学区分では初めてでしょう。

解けた人の大多数が解法2の解き方だったと思われます。実際，この問題ではこれが一番速いと思われます。一般的には，解法1のように，移る前の座標を移った後の座標で表して条件式に代入します。このような手法の問題は，平成15年国家II種（現国家一般職［大卒］）の No.1 で出題されていますが，このような解き方で解けた人は少なかったと思われます。

配列要素 $A[1]$, $A[2]$, $\cdots$, $A[6]$ からなる配列 A が定義され，各配列要素に次のように整数が格納されている。

$A[1]$	$A[2]$	$A[3]$	$A[4]$	$A[5]$	$A[6]$
92	77	33	50	8	50

　図は，初め $A[6]$ に格納されている 50 を基準とし，50 以下の整数が最終的に $A[1]$, $\cdots$, $A[4]$ に配置され，50 よりも大きい整数が最終的に $A[5]$, $A[6]$ に配置されるように，A 内の 6 個の配列要素に格納されている整数を入れ替えるフローチャートである。このフローチャートを実行したとき，最後に出力される A として正しいのはどれか。

　ただし，swap$(A[a], A[b])$ は，2 個の配列要素 $A[a]$, $A[b]$ に格納されている整数を入れ替える操作を表している。たとえば，$A[a]=1$, $A[b]=2$ に対して swap$(A[a], A[b])$ を実行すれば，$A[a]=2$, $A[b]=1$ となる。

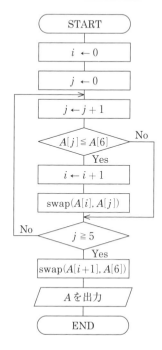

	$A[1]$	$A[2]$	$A[3]$	$A[4]$	$A[5]$	$A[6]$
1	8	33	50	50	92	77
2	8	50	33	50	92	77
3	33	8	50	50	77	92
4	33	50	8	50	77	92
5	33	50	8	50	92	77

実際にフローチャートを回す。なお，$j \geqq 5$ を通るまでを 1 巡とする。

i	j	$A[1]$	$A[2]$	$A[3]$	$A[4]$	$A[5]$	$A[6]$
		92	77	33	50	8	50
1 巡目							
0	0	92	77	33	50	8	50
	1						
2 巡目							
	2						
3 巡目							
	3						
1							
		33	77	92	50	8	50
4 巡目							
	4						
2							
		33	50	92	77	8	50
5 巡目							
	5						
3							
		33	50	8	77	92	50
出力部分							
		33	50	8	50	92	77

正答　5

ポイント

　フローチャートが完成されていますので，これに従って計算していけば解くことができます。かなり易しい問題で，確実に正答したいところです。

　このフローチャートの仕組みですが，例の場合には $A[6]$（50）以下のものを前に詰めればよいだけですので，$A[6]$ 以下の数が見つかるごとに前から交換していくものです。これは，工学に関する基礎としては高度ですが，ソートの中でもクイックソートで使われる手法です。これで $A[4]$ より前に（この例では）50 以下の数が $A[1] \sim A[4]$ に，50 より大きい数が $A[5]$，$A[6]$ に来ています。次に同じことを，この 2 グループそれぞれに行います。これを繰り返すと，最終的には小さい順にすべてを並べ替えることができます。

指数分布に関する次の記述の㋐，㋑に当てはまるものの組合せとして最も妥当なのはどれか。

「連続的な値をとる確率変数Xが，確率密度関数$f(x)$で定められる確率分布に従うとき，Xの期待値$E(X)$は，

$$E(X)=\int_{-\infty}^{\infty}xf(x)\,dx$$

で求められる。

指数分布の確率密度関数$f(x)$は，正の実数λを用いて，

$$f(x)=\begin{cases}\lambda e^{-\lambda x} & (x \geqq 0)\\ 0 & (x<0)\end{cases}$$

と表される。

よって，この指数分布に従うXの期待値は［㋐］となる。

また，Xが［㋐］を上回る確率は［㋑］となる」

	㋐	㋑
1	$\frac{1}{\lambda^2}$	$\frac{1}{2e}$
2	$\frac{1}{\lambda^2}$	$\left(\frac{1}{e}\right)^{\frac{1}{\lambda}}$
3	$\frac{1}{\lambda}$	$\frac{1}{2e}$
4	$\frac{1}{\lambda}$	$\frac{1}{e}$
5	$\frac{1}{\lambda}$	$\left(\frac{1}{e}\right)^{\frac{1}{\lambda}}$

　与えられた式に代入して計算する。ただし，積分区間は $x \geqq 0$ とする。部分積分を使って（指数関数部分を積分する），

$$E[X] = \int_0^\infty x \times \lambda e^{-\lambda x} dx = [-xe^{-\lambda x}]_0^\infty + \int_0^\infty e^{-\lambda x} dx = \left[-\frac{1}{\lambda} e^{-\lambda x}\right]_0^\infty = \frac{1}{\lambda}$$

　また，$x \geqq \dfrac{1}{\lambda}$ となる確率は，

$$\int_{\frac{1}{\lambda}}^\infty \lambda e^{-\lambda x} dx = [-e^{-\lambda x}]_{\frac{1}{\lambda}}^\infty = \frac{1}{e}$$

正答 **4**

ポイント

　指数分布は過去に何度も題材にされています（たとえば，平成27年度国家総合職No.9，平成23年度国家Ⅰ種〈現国家総合職〉No.9）が，ここまで正面から問うのは珍しいといえます。

　ただ，期待値の定義が与えられていて，積分計算も難しくありません。確実に正答したい問題です。

図のように，水平に固定した滑らかな板の中心 O に小さな穴を開けて糸を通し，糸の一端 A に小球を付け，糸の他端 B を手で持ち，半径 r_0，速さ v_0 で小球を等速円運動させた。この状態から，B をゆっくり引いて，半径を r_0 から $r_1(r_1 < r_0)$ にして小球を等速円運動させたとき，小球の速さとして最も妥当なのはどれか。

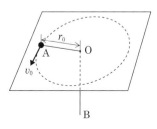

1　v_0

2　$\dfrac{r_1}{r_0} v_0$

3　$\dfrac{r_0}{r_1} v_0$

4　$\left(\dfrac{r_1}{r_0}\right)^2 v_0$

5　$\left(\dfrac{r_0}{r_1}\right)^2 v_0$

解説 ━━━

　小球の質量を m とする。点 O に向かう中心力しか加わっていないため，O を中心とする小球の角運動量は一定に保たれる。

　角運動量は，運動量に腕の長さを掛けると計算できるため，求める速さを v とすると，

$$mv_0 \times r_0 = mv \times r_1$$

$$\therefore \quad v = \frac{r_0}{r_1}v_0$$

正答　3

ポイント

　知識がものをいう問題で，この手の問題に慣れていないと何をしてよいのかもわからなかったのではないでしょうか。その意味では，正答率のあまり高くない問題と考えられます。

　ところで，角運動量については，慣性モーメントを I，角速度を ω として $I\omega$ で覚えていた人もいたかもしれません。中心から距離 r のところに小球 m がある場合の中心まわりの慣性モーメントは mr^2 です。角速度 ω と速さ r との間には $v = r\omega$ が成り立つため，

$$(mr^2)\omega = mv \times r$$

となります。ですので，どちらでも解答することができます。

　ただ，角運動量保存則は工学に関する基礎では平成 25 年度を最後に出題がありませんでしたので，用意していなかった人も多かったかもしれません。内容は同じですが，面積速度一定の法則より，

$$\frac{1}{2}r_0 v_0 = \frac{1}{2}r_1 v$$

として計算しても答えが出てきます。こちらは令和元年度国家総合職 No.13 でも出てきています。

　なお，変化前と変化後の運動エネルギーの差 W は

$$W = \frac{1}{2}mv^2 - \frac{1}{2}mv_0^2 = \frac{m(r_0^2 - r_1^2)}{2r_1^2}v_0^2$$

となります。これは糸を引くのに必要な仕事となります。

国家総合職 工学

No. 11 物理 力・モーメントのつりあい 令和3年度

粗い斜面上の剛体に関する次の記述の㋐，㋑，㋒に当てはまるものの組合せとして最も妥当なのはどれか。

ただし，すべての運動は紙面と平行な方向に起こるものとし，斜面と剛体との間の静止摩擦係数を μ，重力加速度の大きさを g とする。

「図のように，長さ l，高さ h，質量 m の一様な直方体状の剛体Pが，水平面に対して角度 $\theta\left(0<\theta<\dfrac{\pi}{2}\right)$ の傾きを持つ粗い斜面上に静止している。いま，地震によって，次第に強くなる水平動が起こり，水平方向に大きさ α の加速度がPに働いたとする。

地震によって，Pには水平方向に大きさ[㋐]の慣性力が働く。このとき，Pは斜面上を転倒（回転して倒れる）せずに滑り下り始めたとすると，Pが斜面上を滑り下り始めるためには，$\alpha >$[㋑]を満たす必要がある。また，Pが転倒しないためには，$\alpha \leqq$[㋒]を満たす必要がある」

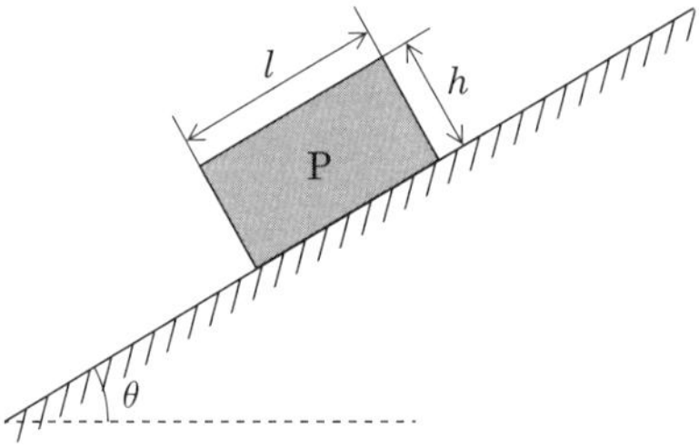

	㋐	㋑	㋒
1	$m\alpha$	$\dfrac{\mu\cos\theta-\sin\theta}{\mu\sin\theta+\cos\theta}g$	$\dfrac{l\cos\theta-h\sin\theta}{l\sin\theta+h\cos\theta}g$
2	$m\alpha$	$\dfrac{\mu\cos\theta-\sin\theta}{\mu\sin\theta+\cos\theta}g$	$\dfrac{l\sin\theta-h\cos\theta}{l\cos\theta+h\sin\theta}g$
3	$m\alpha$	$\dfrac{\mu\sin\theta-\cos\theta}{\mu\cos\theta+\sin\theta}g$	$\dfrac{l\sin\theta-h\cos\theta}{l\cos\theta+h\sin\theta}g$
4	$m\alpha\cos\theta$	$\dfrac{\mu\cos\theta-\sin\theta}{\mu\sin\theta+\cos\theta}g$	$\dfrac{l\cos\theta-h\sin\theta}{l\sin\theta+h\cos\theta}g$
5	$m\alpha\cos\theta$	$\dfrac{\mu\sin\theta-\cos\theta}{\mu\cos\theta+\sin\theta}g$	$\dfrac{l\sin\theta-h\cos\theta}{l\cos\theta+h\sin\theta}g$

解説

慣性力は加速度と反対方向に $m\alpha$ となる。いまは水平の地震動が加わっているため，㋐には $m\alpha$ が入る。

次に，斜面上を転がらずに滑る条件を求める。このときに働く力を図示する。ただし，物体が斜面から受ける垂直抗力を N とする。また，慣性力の作用点は重心であるが，便

宜上離して図示した。

斜面垂直方向の力のつりあいより，

$$N = mg \cos \theta - m\alpha \sin \theta$$

斜面平行方向の力のつりあいより，

$$\mu N = mg \sin \theta + m\alpha \cos \theta$$

これを解く。第1式を第2式に代入して，

$$\mu(mg \cos \theta - m\alpha \sin \theta) = mg \sin \theta + m\alpha \cos \theta$$

$$\therefore \quad \alpha = \frac{\mu \cos \theta - \sin \theta}{\mu \sin \theta + \cos \theta}g$$

この右辺が④に入る。なお，上の計算では，ちょうど摩擦力が最大静止摩擦力になった場合を計算しているため，動くための条件としては，これよりも加速度が大きくなる場合，となる。

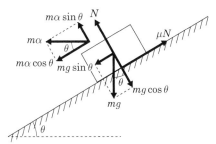

次に，ちょうど転倒する場合を考える。転倒する場合には，斜面と物体の間の接触力は，転倒中心に働く（次図では図示していない）。

そこで，転倒中心まわりのモーメントのつりあいを考える。このとき，重力と慣性力は斜面方向と斜面垂直方向に分けておく（次図ではすでに分けてある。分ける前の様子は上図を見ること）。

転倒しないためには，転倒させようとする（反時計回りの）モーメントよりも，転倒を抑えようとする（時計回りの）モーメントのほうが大きければよいため，

$$(mg \cos \theta - m\alpha \sin \theta) \times \frac{l}{2} \geqq (m\alpha \cos \theta + mg \sin \theta) \times \frac{h}{2}$$

$$\therefore \quad \alpha \leqq \frac{l \cos \theta - h \sin \theta}{l \sin \theta + h \cos \theta}g$$

正答　**1**

ポイント

力のつりあいの基本的な問題なのですが，計算量が多く，短い時間では解ききることは難しかったのではないでしょうか。特に[ウ]については解説のように要領よく解けた人は少なかったかもしれません。ただ，この[ウ]に関しては，令和2年国家総合職No.13，令和元年国家総合職No.11と連続して類題が出題されています。また，平成28年度国家総合職2次記述No.14（機械力学）では，まったく同じ問題が出題されていました。ですので，用意できていた人もいたかもしれません。

実は，本問では$\theta=0$で考えることもできます。この場合，[イ]がμgになることはすぐにわかりますし，[ウ]に$\dfrac{l}{h}g$が入ることも簡単に求められます。このようにして正答の選択肢を選ぶことも考えてよかったでしょう。

なお，[ウ]の正答の選択肢で$\tan x=\dfrac{h}{l}$と置くと，tanの加法定理の形が出てきます。これに触れておきましょう。

重力と慣性力の合力を考えて，外力をこの一つだと考えると，これは接触力とつりあいます。そこで，転倒しないためには左下図のように，この合力が物体の左下隅（より右側）に来なければいけません。仮にもっと慣性力が大きくなり，右下のようになると，（逆向き，同じ大きさの力では）モーメントをつりあわせることができなくなるからです。

このとき，

$$\frac{mg}{m\alpha}=\tan(\theta+x)$$

となります。これを加法定理を使って変形すれば，正答の選択肢となります。[イ]でも同様の手法は使えますが，ここでは複雑になるため省きます。

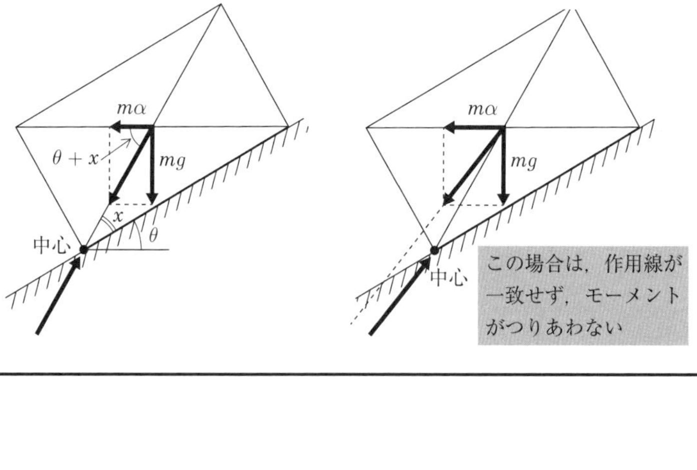

国家総合職

No.12 工学，数理科学・物理・地球科学

物理 弾性体の力学 令和3年度

弾性変形に関する次の記述の㋐，㋑，㋒に当てはまるものの組合せとして最も妥当なのはどれか。

ただし，各棒は長さ方向にのみ変形するものとし，変形の大きさは微小とする。また，重力加速度の大きさを g とする。

「長さ l，断面積 A，密度 ρ のまっすぐで一様な棒Pと，長さおよび断面形状はPと同じで，密度 2ρ のまっすぐで一様な棒Qがある。P，Qはともに弾性体であり，図Iのように，長さ方向の微小区間 dx において，断面に働く引張力を F，F により生じる dx の伸びを du としたとき，P，Qに共通な比例定数を E として，$\dfrac{F}{A}=E\dfrac{du}{dx}$ が成り立つものとする。

図IIのように，PとQを隙間なく接合したまっすぐな棒Rを，水平な天井に固定し，鉛直につり下げる。このとき，Rの下端から距離 x の位置における断面に働く引張力を $F(x)$ とすると，当該断面より下にある部分の自重から $F(x)$ が求められ，$0\leqq x\leqq l$ においては，$\dfrac{F(x)}{A}=$ [㋐] となる。同様に，$l\leqq x\leqq 2l$ においては，$\dfrac{F(x)}{A}=$ [㋑] となる。そのため，Rの自重による全体の伸びを Δl とすると，Δl は微小区間 dx の伸び du をRの全長にわたって積分したものであり，$\Delta l=$ [㋒] となる」

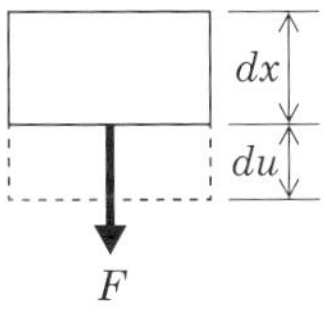

図I

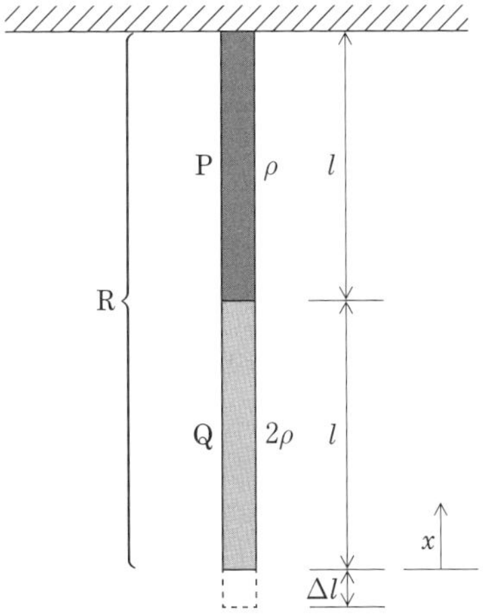

図II

	㋐	㋑	㋒
1	$2\rho gx$	$\rho g(x+l)$	$\dfrac{7\rho gl^2}{2E}$
2	$2\rho gx$	$\rho g(x+l)$	$\dfrac{4\rho gl^2}{2E}$
3	$2\rho gx$	$\rho g(x+2l)$	$\dfrac{9\rho gl^2}{2E}$
4	$3\rho gx$	$\rho g(x+2l)$	$\dfrac{5\rho gl^2}{E}$
5	$3\rho gx$	$\rho g(x+2l)$	$\dfrac{11\rho gl^2}{2E}$

[解][説]

㋐について，下から x の位置の断面には，設問にもあるとおり，それよりも下側の長さ x（断面積 A）の部分の自重が加わる。質量は，密度に体積を掛ければ求まるため，$0 \leqq x \leqq l$ では

$$\frac{F(x)}{A} = \frac{2\rho \times (Ax) \times g}{A} = 2\rho g x$$

となる。これが㋐に入る。一方，$l \leqq x \leqq 2l$ の場合，密度 2ρ の部分が長さ l，密度 ρ の部分が長さ $(x-l)$ となるので，

$$\frac{F(x)}{A} = \frac{\{2\rho \times Al + \rho \times A(x-l)\}g}{A} = \rho g(x+l)$$

となる。これが㋑に入る。

与えられた式より，

$$du = \frac{F}{A} \cdot \frac{dx}{E}$$

ここに㋐，㋑を代入して積分すると，

$$\Delta l = \int_0^l \frac{2\rho g}{E} x dx + \int_l^{2l} \frac{\rho g}{E}(x+l)\,dx = \left[\frac{\rho g}{E}x^2\right]_0^l + \left[\frac{\rho g}{E} \cdot \frac{(x+l)^2}{2}\right]_l^{2l} = \frac{7\rho g l^2}{2E}$$

これが㋒に入る。

正答 1

ポイント

弾性体の力学の本格的な問題で，機械系，建築系，土木系の人にとっては専門の標準レベルの出題ですが，逆に情報系，電気系の人には難しく感じたでしょう。ただし，本問の類題は平成 26 年度国家総合職 No.12 で出題されています。また，平成 17 年度国家 I 種（現国家総合職）No.11 はほぼ同じ問題です。

専門試験で対策をしている人は，密度 ρ，長さ l，縦弾性係数（ヤング率）E の棒が，自重によって $\delta_1 = \frac{\rho g l^2}{2E}$ 伸びること，自重を無視するときに，荷重 P で棒を両側から引っ張ると，断面積を A として，$\delta_2 = \frac{Pl}{EA}$ だけ伸びることを覚えていたかもしれません。その場合，本問の棒が，Q については自重のみで，P については自重と，下にある Q の自重が荷重として加わって伸びたことを考えて，

$$\Delta l = \frac{2\rho g l^2}{2E} + \frac{\rho g l^2}{2E} + \frac{(2\rho g l) \times l}{EA} = \frac{7\rho g l^2}{2E}$$

と計算することもできます。

図のように，水平な地表面より高さ $2h$ の点 A から小球 Q を初速 0 で自由落下させると同時に，A の真下にある地表面上の点 B より l 離れた地表面上の点 O から小球 P を速さ v_0，地表面からの角度 $\theta \left(0 < \theta < \dfrac{\pi}{2} \right)$ で発射した。Q が B より高さ h の点 C に到達する前までの間に，P と Q が衝突するために必要な v_0 の条件として最も妥当なのはどれか。

ただし，P，Q の運動は O，A，B を通る平面内で起こるものとし，重力加速度の大きさを g とする。

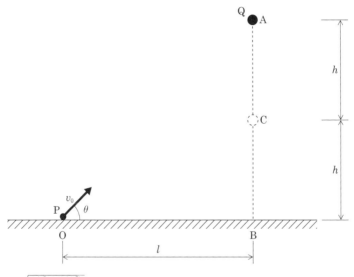

1 $\quad v_0 > \sqrt{\dfrac{g\,(l^2 + 16h^2)}{8h}}$

2 $\quad v_0 > \sqrt{\dfrac{g\,(l^2 + h^2)}{4h}}$

3 $\quad v_0 > \sqrt{\dfrac{g\,(l^2 + 4h^2)}{4h}}$

4 $\quad v_0 > \sqrt{\dfrac{g\,(l^2 + h^2)}{2h}}$

5 $\quad v_0 > \sqrt{\dfrac{g\,(l^2 + 4h^2)}{2h}}$

PとQが衝突するためには，Pを発射する角度の方向にQがなければいけない（モンキーハンティング）。つまり，

$$\tan\theta = \frac{2h}{l}$$

次に，QがCまで落下する時間を t_1 とすると，等加速度運動の公式から，

$$\frac{1}{2}gt_1^2 = h \qquad \therefore \quad t_1 = \sqrt{\frac{2h}{g}}$$

一方，Pが水平距離 l に到達するまでの時間を t_2 とすると，

$$v_0\cos\theta\, t_2 = l \qquad \therefore \quad t_2 = \frac{l}{v_0\cos\theta}$$

Cに到達する前に衝突するためには $t_1 > t_2$ でなければならない。したがって，

$$\sqrt{\frac{2h}{g}} > \frac{l}{v_0\cos\theta} \qquad \therefore \quad v_0 > \frac{l}{\cos\theta}\sqrt{\frac{g}{2h}}$$

ここで，最初の条件と，公式 $1 + \tan^2\theta = \frac{l}{\cos^2\theta}$ より，

$$\frac{l}{\cos\theta} = \sqrt{1 + \tan^2\theta} = \sqrt{\frac{l^2 + 4h^2}{l^2}}$$

これを代入して整理すると，

$$v_0 > \sqrt{\frac{g(l^2 + 4h^2)}{2h}}$$

正答　**5**

ポイント

レベルの高い問題で，なかなか解けなかった人も多かったのではないでしょうか。

まず，解説で最初に出てくるモンキーハンティングの公式を知らないと，その後の処理をうまくこなすことは難しかったと思われます。

ここで，モンキーハンティングの公式を導出しておきます。解説中の t_2 の時間に，PとQの鉛直移動距離の和が $2h$ になればよいのですが，Pの移動距離（上向き）は $-\frac{g}{2}t_2^2 + v_0\sin\theta\, t_2$，Qの移動距離（下向き）は $\frac{g}{2}t_2^2$ ですので，その合計は $v_0\sin\theta\, t_2 = 2h$

となります。ここに解説中の $t_2 = \frac{l}{v_0\cos\theta}$ を代入すると，

$$\frac{l\sin\theta}{\cos\theta} = l\tan\theta = 2h \qquad \therefore \quad \tan\theta = \frac{2h}{l}$$

となります。

図のように，滑らかに動くピストンの挿入されたシリンダが水平な床の上に置かれており，シリンダ内にはヒーターが設置され，ピストンと壁との間には軽いばねが水平に取り付けられている。また，シリンダ内には理想気体が大気圧で封入されており，ばねが自然長となるところでシリンダは床に固定されている。いま，シリンダ内の気体をヒーターでゆっくり加熱したところ，ピストンは 0.10m だけばね側に動いて静止した。この過程において，気体が外部にした仕事はおよそいくらか。

ただし，シリンダの断面積を $2.4 \times 10^{-2} m^2$，ばねのばね定数を $4.0 \times 10^3 N/m$，大気圧を $1.0 \times 10^5 Pa$ とする。また，ピストンとシリンダは，断熱性であり，気体と熱のやり取りをしないものとする。

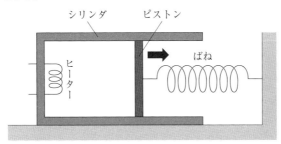

1 $\quad 2.0 \times 10^2 J$
2 $\quad 2.2 \times 10^2 J$
3 $\quad 2.4 \times 10^2 J$
4 $\quad 2.6 \times 10^2 J$
5 $\quad 2.8 \times 10^2 J$

解法 1：仕事の内訳を考える

気体が外部に行った仕事は，「大気圧に逆らってピストンを押す仕事」と「ばねに蓄えられる弾性エネルギー」の合計である。

前者は，大気圧を P_0，押して広がった体積を ΔV とすると，$P_0 \Delta V$ で計算できるので，

$$P_0 \Delta V = 1.0 \times 10^5 \times (2.4 \times 10^{-2} \times 0.10) = 2.4 \times 10^2 J$$

後者は，ばねの縮み量を x，ばね定数を k とすると $\frac{1}{2}kx^2$ で計算できるので，

$$\frac{1}{2}kx^2 = \frac{1}{2} \times 4.0 \times 10^3 \times 0.10^2 = 0.20 \times 10^2 J$$

となる。

両者の合計は $2.6 \times 10^2 J$ である。

解法 2：PV 線図の面積を考える

　問題の過程を PV 線図上で表すと下の直線になる。なお，図中の文字は解法 1 のものと同じであり，ΔP はばねの力による圧力増加である。

　この図の打点部の面積が求める仕事である。そこでばねによる圧力増加を求めると，力 kx を断面積で割ればよく，

$$\Delta P = \frac{4.0 \times 10^3 \times 0.10}{2.4 \times 10^{-2}} = \frac{1}{6} \times 10^5 \text{Pa}$$

となる。

　したがって，求める仕事を打点部の面積として計算すると，

$$\frac{1}{2} \times \left\{ 1.0 \times 10^5 + \left(1.0 + \frac{1}{6} \right) \times 10^5 \right\} \times (2.4 \times 10^{-2} \times 0.10) = 2.6 \times 10^2 \text{J}$$

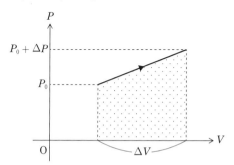

正答　**4**

ポイント

　ばねの入った問題で，一見難しそうに見えますが，問われているものが仕事のみですので，簡単に答えを求めることができます。しかし，実際には考えずに飛ばした人も少なくなさそうです。

　解法 2 では，熱力学では仕事は面積で求める，という方針を決めていれば発想できますが，ばねの入った本問の過程が 1 次式で表されることを知らないとその後に手が止まってしまいます。

　実際，圧力も体積もばねの伸び x の 1 次関数として表されますので，圧力と体積の関係も 1 次関数になります。ただ，計算そのものは解法 1 と比べて，少し遠回りになっています。

図は，x 軸の負の向きに速さ 0.50m/s で進む正弦波の位置 $x = 16$m における変位 y 〔m〕と時刻 t 〔s〕の関係を表している。$t = 2021$s，$x = 2021$m における y はおよそいくらか。

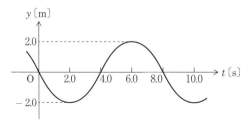

1 2.0m

2 1.4m

3 0m

4 − 1.4m

5 − 2.0m

解説

解法 1：波の式を作る

$x' = x - 16$ と置く。このとき $x' = 2021 - 16 = 2005$ における y を求めればよい。

一般に x の負の向きに進行する波の式は，振幅を A〔m〕，周期を T〔s〕，波長を λ〔m〕，定数を ϕ と置くと，

$$y = A \sin \left\{ 2\pi \left(\frac{t}{T} + \frac{x}{\lambda} \right) + \phi \right\}$$

の形で表される。

本問では $A = 2$ であり，波の形から $x' = 0$ とすると $-\sin$ のグラフの形をとるため，

$$y = -2 \sin \left\{ 2\pi \left(\frac{t}{T} + \frac{x'}{\lambda} \right) \right\}$$

と置くことができる。

ここで，与えられたグラフより $T = 8\mathrm{s}$ である。また，波の速さの公式より，

$$\lambda = 0.50 \times 8 = 4\mathrm{m}$$

である。したがって，本問の波は，

$$y = -2 \sin \left\{ 2\pi \left(\frac{t}{8} + \frac{x'}{4} \right) \right\}$$

で表される。ここに $t = 2021$，$x' = 2005$ を代入すると，

$$y = -2 \sin \left\{ 2\pi \left(\frac{2021}{8} + \frac{2005}{4} \right) \right\}$$

$$= -2 \sin \left\{ 2\pi \left(753 + \frac{7}{8} \right) \right\} = -2 \sin \frac{7}{4}\pi = 1.4\mathrm{m}$$

解法2：与えられたグラフに帰着する

解法1同様の x' で考える。与えられたグラフから，この波の周期は $T = 8\mathrm{s}$ なので，

$$t = 2021 = 8 \times 252 + 5$$

より，これは $t = 5$ と同じ変位になる。また，解法1で計算したとおり，波長は $\lambda = 4\mathrm{m}$ なので，

$$x' = 2005 = 4 \times 501 + 1$$

なので，$x' = 1$ と同じである。

ところで，波の速さは負の向きに $0.50\mathrm{m/s}$ なので，$x' = 1$ からは2秒で $x' = 0$ に波が伝播する。つまり，$x' = 1$ の波は2秒後の $x' = 0$ の波と同じである。したがって，求める変位は $x' = 0$ の $t = 5 + 2 = 7\mathrm{s}$ における波と同じである。これは与えられたグラフより $1.4\mathrm{m}$ とわかる。

正答 **2**

ポイント

波のグラフに関する問題は近年頻出事項でしたが，その中でもこの問題は解きにくかったのではないかと思います。

解法1の式を使った解き方は明快ですが，用意がないと難しいでしょう。なお，途中で使った波の速さの公式とは，波の速さ V が，

$$V = \frac{\lambda}{T}$$

で計算できるとするものです。

解法2，あるいはそのバリエーションで考えた人が多かったと思いますが，波の進行方向が負であること，与えられたグラフが原点ではないことで混乱したかもしれません。解法で使った x' はちょっとした工夫です。いずれにしても，まずは波長と周期を求めて数を小さくすることになるでしょう。こうしたグラフの問題では，難しいときには，まず，波長，周期を求めるというのが定石です。

国家総合職

工学，数理科学・物理・地球科学，化学・生物・薬学

No. 16 物理 ドップラー効果 令和3年度

ドップラー効果に関する次の記述の㋐，㋑に当てはまるものの組合せとして最も妥当なのはどれか。

「図Ⅰのように，静止している観測者Bに向かって，振動数 f の音を出す点音源Aが一定の速さ u で移動しているとき，Bが観測する音の波長 λ_1 は［　㋐　］であり，その振動数を f_1 とする。

また，図Ⅱのように，振動数 f の音を出す点音源Aが静止しており，Aに向かって，観測者Bが一定の速さ u で移動しているとき，Bが観測する音の振動数を f_2 とすると，f_1 と f_2 の大小関係は，［　㋑　］となる。

ただし，音速を V とし，$V > u > 0$ とする」

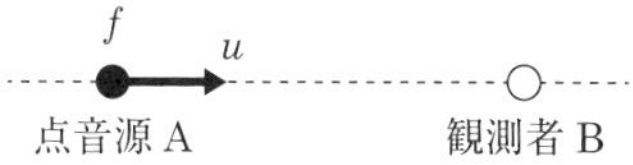

図Ⅰ

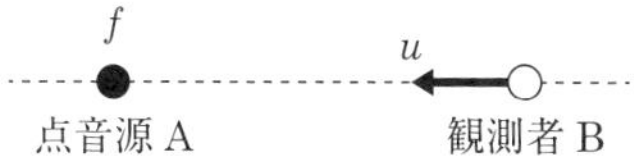

図Ⅱ

	㋐	㋑
1	$\dfrac{V+u}{f}$	$f_1 < f_2$
2	$\dfrac{V+u}{f}$	$f_1 = f_2$
3	$\dfrac{V+u}{f}$	$f_1 > f_2$
4	$\dfrac{V-u}{f}$	$f_1 < f_2$
5	$\dfrac{V-u}{f}$	$f_1 > f_2$

解説

周波数が f なので，音波の周期は $\frac{1}{f}$ である。時刻 $t=0$ で出た音波は，時刻 $t=\frac{1}{f}$ では $\frac{V}{f}$ 進んでいるが，このとき点音源も $\frac{u}{f}$ 進んでいるため，波長は $\frac{V-u}{f}$ となる。これが[ア]に入る。

したがって，このときの周波数 f_1 は，

$$f_1 = V \div \frac{V-u}{f} = \frac{V}{V-u}f$$

となる。

一方，ドップラー効果の公式より，

$$f_2 = \frac{V+u}{V}f$$

なので，

$$\frac{f_2}{f_1} = \frac{(V+u)(V-u)}{V^2} = \frac{V^2-u^2}{V^2} < 1$$

$$\therefore \quad f_1 > f_2$$

これが[イ]に入る。

正答 5

ポイント

基本的なドップラー効果の問題で落とせません。

[ア]は，解説のように考えるのではなく，ドップラー効果を前提に計算した人が多かったかもしれません。つまり，

$$f_1 = \frac{V}{V-u}f$$

からこの波の波長は，

$$\frac{V}{f_1} = \frac{V-u}{f}$$

となります。もっとも，選択肢の都合から，波長が大きくなるのか小さくなるのかだけ判断できればよく，そうであれば，音源が静止している場合よりも，音源が観測者に近づくのですから，波の間隔も縮まることは想像できたかもしれません。

[イ]については，解説では割り算をしましたが，もちろん引き算をしても構いません。

電流が磁界から受ける力に関する次の記述の㋐，㋑に当てはまるものの組合せとして最も妥当なのはどれか。

「図のように，磁束密度の大きさが B で鉛直上向きの一様な磁界中に，導体でできた十分に長い 2 本のレールを間隔 L で平行に配置した。2 本のレールは水平面に対して角度 $\theta\left(0<\theta<\dfrac{\pi}{2}\right)$ だけ傾いており，レールの上端は抵抗値 R の抵抗で接続されている。いま，2 本のレール上に質量 m の導体棒 ab をレールに直交するように静かに置いたところ，ab はレールに直交した状態を維持したままレール上を滑り下り始めた。このとき，ab の速さを v とすると，ab に生じる誘導起電力の大きさ V は $vBL\cos\theta$，さらに，ab が磁界から受ける力の大きさ F は ㋐ と表される。十分時間が経過した後，ab の速さが v_s で一定となったとき，v_s は ㋑ と表される。

ただし，2 本のレールおよび ab の電気抵抗，2 本のレールと ab との間の摩擦，ab の空気抵抗は無視できるものとする。また，重力加速度の大きさを g とする」

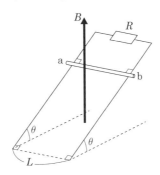

	㋐	㋑
1	$\dfrac{vB^2L\cos\theta}{R}$	$\dfrac{mgR\tan\theta}{B^2L}$
2	$\dfrac{vB^2L\cos\theta}{R}$	$\dfrac{mgR\sin\theta}{B^2L\cos^2\theta}$
3	$\dfrac{vBL^2\cos\theta}{R}$	$\dfrac{mgR\tan\theta}{BL^2}$
4	$\dfrac{vB^2L^2\cos\theta}{R}$	$\dfrac{mgR\tan\theta}{B^2L^2}$
5	$\dfrac{vB^2L^2\cos\theta}{R}$	$\dfrac{mgR\sin\theta}{B^2L^2\cos^2\theta}$

解説

誘導起電力が $V = vBL\cos\theta$ なので，オームの法則から，流れる電流を I とすると，

$$I = \frac{vBL\cos\theta}{R}$$

したがって，フレミングの法則より，ab が磁界から受ける力の大きさは，

$$F = IBL = \frac{vB^2L^2\cos\theta}{R}$$

これが㋐に入る。

次に，速さが一定になるとは，ab に働く力がつりあうことを意味する。ab が磁界から受ける力の向きは，ab にも磁界にも垂直なので，水平方向（磁束変化を妨げる，つまり磁束を減少させる向きのため，斜面に向かう方向になる）になる。この様子を斜面の真横から見たものが下図となる。これより，斜面方向の力のつりあいを考えて，

$$mg\sin\theta = F\cos\theta = \frac{v_sB^2L^2\cos^2\theta}{R}$$

$$\therefore \quad v_s = \frac{mgR\sin\theta}{B^2L^2\cos^2\theta}$$

これが㋑に入る。

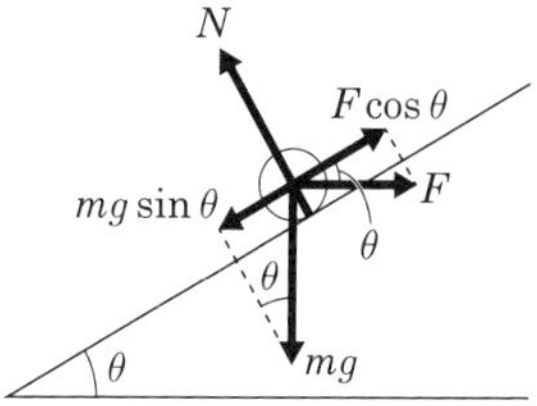

正答　5

ポイント

㋐については，誘導起電力が与えられているため，簡単に空欄を計算することができます。ですので実質的に 2 択なのですが，ここから正答を出すのが難しかったのではないでしょうか。

ポイントは，F の向きです。これさえ把握できれば容易に解くことができます。そのためには本問を力学の問題だととらえ直し，力を正確に図示するように心がけることが大切です。

過去問では平成 19 年国家 I 種（現国家総合職）No.17 が類題ですが，このときは磁界が斜面に垂直で $\cos\theta$ を掛ける必要がないため，力の向きには無頓着でも解けた問題でした。

図Ⅰのように, 同じ鉄心にコイル1とコイル2が巻かれている。コイル1に流す電流 I を図Ⅱのように時間変化させたとき, コイル2に生じる誘導起電力 V の時間変化を定性的に表したグラフとして最も妥当なのはどれか。

ただし, I は図Ⅰの矢印 a の示す向きに流れるときを正とし, V は抵抗に図Ⅰの矢印 b の示す向きに電流が流れるときを正とする。

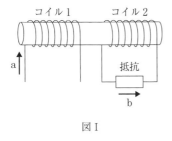

図Ⅰ

図Ⅱ

1
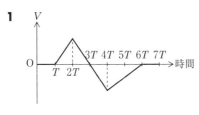

2
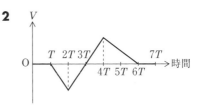

3
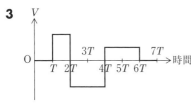

4
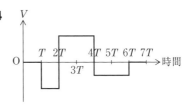

5
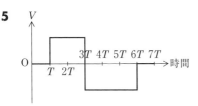

コイルを貫く磁束を Φ とすると，これはコイル 1 を流れる電流 I に比例するため，
$$\Phi = kI$$
と置く。ファラデーの法則より，誘導起電力は，
$$V = \pm \frac{d\Phi}{dt} = \pm k \frac{dI}{dt}$$
と書ける。したがって，図 II のグラフの傾きを図示したのは，符号を考えなければ，選択肢 **3**，**4** のいずれかとなる。

最後に符号を考える。具体的に $T \leqq t < 2T$ で考える。

このとき，コイル 2 には図の右向きの磁束が増加するため，レンツの法則からこれを減少させるように誘導起電力が発生する。つまり，図 I の b の向きに電流が流れることになるので，このとき $V > 0$ となる。これに合うのは **3** である。

正答 **3**

ポイント

平成 18 年国家 I 種（現国家総合職）No.17 とほぼ同一の問題です。

最大のポイントは，図 II のグラフの傾きを考えることに気づくことです。その後，符号が問題となります。なお，コイルの場合，電流の流れる向きと同じ向きに右手でコイルを握ると，そのときの親指の方向が磁束になります。もっとも，本問ではコイルの巻き方が 2 つで同じですので，a の向きの電流が増える場合，b にはこの電流を妨げる，つまり逆向きの電流（これが b の向きになる）が流れると考えても構いません。

図のような,抵抗値 R の 3 個の抵抗と抵抗値 $2R$ の 2 個の抵抗を電圧 V の直流電源に接続した回路において,電流 I の大きさとして最も妥当なのはどれか。

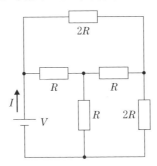

1 $\dfrac{3V}{4R}$

2 $\dfrac{4V}{5R}$

3 $\dfrac{V}{R}$

4 $\dfrac{5V}{4R}$

5 $\dfrac{4V}{3R}$

左下図のように回路を描き直す。すると，これはホイートストンブリッジの形をしている。これは，

$$R_1 R_4 = R_2 R_3 = 2R^2$$

が成立するため平衡していて，中央（縦）の R の抵抗には電流は流れない。

　そこで，右下図のようにこの中央の抵抗を取り除いて考えてよい。

　これは直並列回路なので合成する。R_1 と R_3 の部分は直列合成すると $4R$ の1つの抵抗に，R_2 と R_4 の部分は直列合成すると $2R$ の1つの抵抗になるため，全体の抵抗を R_T とすると，以上2つを並列合成して，

$$\frac{1}{R_T} = \frac{1}{4R} + \frac{1}{2R} = \frac{3}{4R}$$

$$\therefore \quad R_T = \frac{4R}{3}$$

これより，求める電流は，

$$I = \frac{V}{R_T} = \frac{3V}{4R}$$

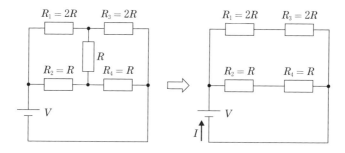

正答　**1**

　ホイートストンブリッジの応用問題で，確実に正答したい問題です。

　ホイートストンブリッジの問題は頻出で，たとえば，平成22年度国家Ⅰ種（現国家総合職）No.20，平成24年度国家総合職No.20でも出題されています。いずれも簡単なひねりが加えられていますので，それも含めて用意しておきたいところです。

No. 20 物理 コンデンサの入った回路 令和3年度

コンデンサを含む回路に関する次の記述の㋐，㋑に当てはまるものの組合せとして最も妥当なのはどれか。

「図のような回路において，初め，コンデンサに電荷は蓄えられておらず，スイッチは開いていた。この状態から，スイッチを閉じると，その直後に4.0Ωの抵抗を流れる電流 I の大きさは［㋐］である。

　また，スイッチを閉じてから十分時間が経過した後，コンデンサに蓄えられている電気量は［㋑］である」

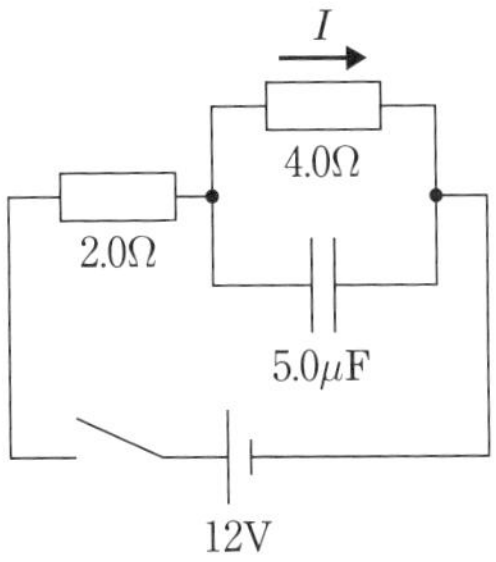

	㋐	㋑
1	0A	1.0×10^{-5}C
2	0A	4.0×10^{-5}C
3	2.0A	1.0×10^{-5}C
4	2.0A	2.0×10^{-5}C
5	2.0A	4.0×10^{-5}C

解説

4.0Ωの抵抗とコンデンサは並列につながれているので，いつでも電圧は等しくなる。また，コンデンサの電荷を Q〔C〕，電圧を V_C〔V〕と置くと，

$$Q = 5 \times 10^{-6} \times V_C$$

となる。

スイッチを閉じた直後は，コンデンサには電荷は蓄えられていないので，上の式から，コンデンサの電圧は0Vで，したがって，これと並列につながれている4.0Ωの抵抗の電圧も0Vである。したがって，オームの法則から $I = 0$A となる。これが㋐に入る。

次に，十分時間が経過した後を考える。この場合は，コンデンサの充電が終わり，コンデンサには電流は流れない。したがって，2.0Ωを流れる電流も I となる。したがって，電源と2つの抵抗を回る閉回路部分についてキルヒホッフの法則を立てると，

$$12 = 2.0I + 4.0I$$

$$\therefore \quad I = 2.0\text{A}$$

これより，4.0Ωの抵抗の電圧はオームの法則から8Vとなり，これと並列につながれているコンデンサの電圧も $V_C = 8$V となる。したがって，求める電気量は，

$$Q = 5 \times 10^{-6} \times 8 = 4.0 \times 10^{-5}\text{C}$$

これが㋑に入る。

正答 2

ポイント

コンデンサに入った回路についての基本的な問題で，ぜひ解きたい問題です。実際には，まったく準備をしていなかったため，解けなかった人も少なくなかったのではないでしょうか。

なお，この問題と似たようなコンデンサを利用した問題として，平成28年度国家総合職No.19が挙げられます。

令和3年度

国家一般職
［大卒］

●出題内訳表

工学系4区分 の No.	科目	出題内容	物理区分の No.	化学区分の No.
1		複素数，連立2次方程式	1	1
2		図形	2	2
3		極限	3	
4		積分		
5	数学	行列		
6		数列	4	
7		方程式		
8		確率分布	5	
9		フローチャート	7	5
10		モーメントのつりあい	9	
11		浮力	10	
12		非等速円運動	11	6
13		万有引力，等速円運動		
14		電磁波		7
15	物理	単振り子		
16		管の固有振動	19	
17		状態方程式		
18		クーロンの法則	26	8
19		コンデンサ回路	27	
20		電力		

※工学系4区分とは「電気・電子・情報」「機械」「土木」「建築」である。

実数 a，b が $(a^2 + 2ab + 8) + (a^2 + 4a + 4b)i = 0$ を満たすとき，b の値はいくらか。

　ただし，i は虚数単位とする。

1　-4

2　-3

3　-2

4　2

5　4

解説 ━━━━━━━━━━━━━━━━━━━━━━━━━━━━━━━━━━━━━

一般に，p，q が実数のとき，
$$p + qi = 0 \Leftrightarrow p = q = 0$$
が成り立つので，本問の場合にも，
$$\begin{cases} a^2 + 2ab + 8 = 0 \\ a^2 + 4a + 4b = 0 \end{cases}$$
となる。これを解く。

2つの式を辺ごと引き算して，
$$2ab + 8 - 4a - 4b = 0$$
2で割って変形すると，
$$ab - 2a - 2b + 4 = (a - 2)(b - 2) = 0$$
これより，$a = 2$ または $b = 2$ となる。

場合1：$a = 2$ のとき
$$a^2 + 2ab + 8 = 4 + 4b + 8 = 4b + 12 = 0$$
$$\therefore \quad b = -3$$

場合2：$b = 2$ のとき
$$a^2 + 2ab + 8 = a^2 + 4a + 8 = 0$$
$$\therefore \quad a = -2 \pm \sqrt{(-2)^2 - 8} = -2 \pm 2i$$
これは実数ではないので，この場合は不適である。

以上から $b = -3$ である。

正答 **2**

ポイント

複素数を題材にはしていますが，それよりもその後の連立方程式が解けるかどうかが最大のポイントです。

本問の解答は，連立方程式の中で a^2 が邪魔だと考えてそれを消去したことになります。解説を見ると簡単に思うかもしれませんが，引いて得られた式が因数分解できることに気づかなければなりません。また，$b = 2$ の選択肢 **4** を急いでマークしてはいけません。

そのほか ab が邪魔だと考えた場合，あるいは1文字消去したいと考えた場合には，$4b = -a^2 - 4a$ をもう一つの式に代入することになります。詳細は省きますが，この場合は，
$$a^3 + 2a^2 - 16 = (a - 2)(a^2 + 4a + 8) = 0$$
と3次式の因数分解を試みることになります。こちらのほうが計算量は多くなりますが，方針ははっきりしているので考えやすいかもしれません。

AB = 7，BC = 5，CA = 6 である △ABC の内接円の半径はいくらか。

1 $\dfrac{\sqrt{6}}{3}$

2 $\dfrac{2\sqrt{3}}{3}$

3 $\dfrac{2\sqrt{6}}{3}$

4 $\dfrac{4\sqrt{3}}{3}$

5 $\dfrac{4\sqrt{6}}{3}$

解法1：三角比を使って面積を計算する

△ABC の面積を S，AB = c，BC = a，CA = b，内接円の半径を r とすると，内接円の中心を O として，

$$\triangle ABC = \triangle OAB + \triangle OBC + \triangle OCA$$

となるので，

$$S = \frac{1}{2}(a + b + c)r$$

が成り立つ。そこで，△ABC の面積を求める。

余弦定理から，

$$\cos C = \frac{a^2 + b^2 - c^2}{2ab} = \frac{5^2 + 6^2 - 7^2}{2 \cdot 5 \cdot 6} = \frac{1}{5}$$

これより，

$$\sin C = \sqrt{1 - \left(\frac{1}{5}\right)^2} = \frac{2\sqrt{6}}{5}$$

したがって，

$$S = \frac{1}{2}ab\sin C = \frac{1}{2} \times 5 \times 6 \times \frac{2\sqrt{6}}{5} = 6\sqrt{6}$$

最初の公式に代入して，

$$r = \frac{2S}{a + b + c} = \frac{12\sqrt{6}}{5 + 6 + 7} = \frac{2\sqrt{6}}{3}$$

解法 2：面積を三平方の定理で求める

△ABC の面積 S を求める部分以外は解法 1 と同じとする。次図のように，C から AB に下ろした垂線の足を H として，AH $= x$，CH $= h$ とする。

三平方の定理より，

$$h^2 = 6^2 - x^2 = 5^2 - (7-x)^2 = -24 + 14x - x^2$$

$$\therefore \quad x = \frac{36+24}{14} = \frac{30}{7}$$

したがって，

$$h = \sqrt{36 - \left(\frac{30}{7}\right)^2} = \frac{12\sqrt{6}}{7}$$

これより

$$S = \frac{1}{2} \times 7 \times \frac{12\sqrt{6}}{7} = 6\sqrt{6}$$

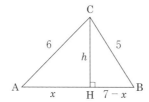

正答 **3**

ポイント

　内接円の半径が三角形の面積を利用して求められることは基本事項です。問題は三角形の面積をどう求めるか，ということになります。

　解説では 2 通りの方法を挙げましたが，3 辺の長さがわかっているわけですから，ヘロンの公式を使うこともできます。つまり，$s = \dfrac{a+b+c}{2}$ と置くと，

$$S = \sqrt{s(s-a)(s-b)(s-c)}$$

となります。

$\displaystyle\lim_{x \to \infty}(\sqrt{x^2-2x-3}-\sqrt{x^2+2x+3})$ はいくらか。

1　0

2　$-\dfrac{1}{2}$

3　-1

4　$-\dfrac{3}{2}$

5　-2

　分子の有理化を行う。与えられた式の分母と分子に $\sqrt{x^2 - 2x - 3} + \sqrt{x^2 + 2x + 3}$ を掛け算する。このときの分子は，公式

$$(a - b)(a + b) = a^2 - b^2$$

から，

$$(\sqrt{x^2 - 2x - 3})^2 - (\sqrt{x^2 + 2x + 3})^2 = (x^2 - 2x - 3) - (x^2 + 2x + 3) = -4x - 6$$

となる。したがって，求める極限は，

$$\lim_{x \to \infty} \frac{-4x - 6}{\sqrt{x^2 - 2x - 3} + \sqrt{x^2 + 2x + 3}} = \lim_{x \to \infty} \frac{-4 - \dfrac{6}{x}}{\sqrt{1 - \dfrac{2}{x} - \dfrac{3}{x^2}} + \sqrt{1 + \dfrac{2}{x} + \dfrac{3}{x^2}}}$$

$$= \frac{-4}{1 + 1} = -2$$

正答　**5**

ポイント

　極限の典型的な問題で，過去には労働基準監督 B や地方上級で出題があります。

　解説の分母の有理化が典型的な解き方ですが，より速く答えを出すためのテクニックもあります。

$$\sqrt{x^2 - 2x - 3} = \sqrt{(x - 1)^2 - 4}$$

と変形すると，x が十分に大きくなれば，$\sqrt{}$ 内の -4 は $(x - 1)^2$ に比べて無視できますので，

$$\sqrt{x^2 - 2x - 3} = \sqrt{(x - 1)^2 - 4} \fallingdotseq \sqrt{(x - 1)^2} = x - 1$$

と近似できます。

　同様に，

$$\sqrt{x^2 + 2x + 3} = \sqrt{(x + 1)^2 + 2} \fallingdotseq \sqrt{(x + 1)^2} = x + 1$$

として，2つの式を引き算すれば，直ちに答えが -2 だとわかります。

放物線 $y = -x^2 + 4x$ および x 軸で囲まれた領域の面積が，直線 $y = ax\,(0 < a < 4)$ によって 2 等分されるとき，定数 a の値はいくらか。

　なお，任意の定数 α，β について，

$$\int_\alpha^\beta (x - \alpha)(x - \beta)\,dx = -\frac{1}{6}(\beta - \alpha)^3$$

が成り立つ。

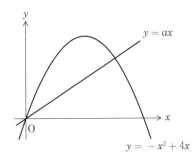

1　$2 - \sqrt[3]{4}$

2　$2 - \sqrt[3]{3}$

3　$4 - 2\sqrt[3]{5}$

4　$4 - 2\sqrt[3]{4}$

5　$4 - 2\sqrt[3]{3}$

面積については，与えられた公式を使う。

まず $y = -x^2 + 4x$ と x 軸で囲まれた部分の面積 S を求めるために，2つの交点を求めると，

$$-x^2 + 4x = -x(x-4) = 0$$

$$\therefore \quad x = 0, \; 4$$

したがって，与えられた公式から，

$$S = \frac{(4-0)^3}{6} = \frac{32}{3}$$

よって，$y = -x^2 + 4x$ と $y = ax$ で囲まれた部分の面積はその半分の $\dfrac{16}{3}$ となる。

この面積を求めるために，交点を求めると，

$$-x^2 + 4x = ax$$

$$\therefore \quad x^2 - (4-a)x = x\{x - (4-a)\} = 0$$

これより $x = 0, \; 4-a$ なので，与えられた公式から，

$$\frac{16}{3} = \frac{(4-a)^3}{6}$$

$$\therefore \quad 4 - a = \sqrt[3]{32} = 2\sqrt[3]{4}$$

これより，求める a の値は，

$$a = 4 - 2\sqrt[3]{4}$$

正答　**4**

ポイント

積分の問題ですが，公式がありますので積分をする必要がありません。途中に3乗根の計算が入ってきますので，計算ミスには気をつける必要があります。

行列 $A = \begin{pmatrix} \dfrac{1}{2} & -\dfrac{\sqrt{3}}{2} \\ \dfrac{\sqrt{3}}{2} & \dfrac{1}{2} \end{pmatrix}$ のとき, A^{10} として正しいのはどれか。

1 $\begin{pmatrix} -\dfrac{1}{2} & \dfrac{\sqrt{3}}{2} \\ -\dfrac{\sqrt{3}}{2} & -\dfrac{1}{2} \end{pmatrix}$

2 $\begin{pmatrix} -\dfrac{1}{2} & -\dfrac{\sqrt{3}}{2} \\ \dfrac{\sqrt{3}}{2} & -\dfrac{1}{2} \end{pmatrix}$

3 $\begin{pmatrix} \dfrac{1}{2} & \dfrac{\sqrt{3}}{2} \\ -\dfrac{\sqrt{3}}{2} & \dfrac{1}{2} \end{pmatrix}$

4 $\begin{pmatrix} \dfrac{1}{2} & -\dfrac{\sqrt{3}}{2} \\ \dfrac{\sqrt{3}}{2} & \dfrac{1}{2} \end{pmatrix}$

5 $\begin{pmatrix} \dfrac{1}{2} & \dfrac{\sqrt{3}}{2} \\ \dfrac{\sqrt{3}}{2} & \dfrac{1}{2} \end{pmatrix}$

まずは A^2, A^3 を計算する。

$$A^2 = \begin{pmatrix} \dfrac{1}{2} & -\dfrac{\sqrt{3}}{2} \\ \dfrac{\sqrt{3}}{2} & \dfrac{1}{2} \end{pmatrix} \begin{pmatrix} \dfrac{1}{2} & -\dfrac{\sqrt{3}}{2} \\ \dfrac{\sqrt{3}}{2} & \dfrac{1}{2} \end{pmatrix} = \begin{pmatrix} -\dfrac{1}{2} & -\dfrac{\sqrt{3}}{2} \\ \dfrac{\sqrt{3}}{2} & -\dfrac{1}{2} \end{pmatrix}$$

$$A^3 = A^2 \times A = \begin{pmatrix} -\dfrac{1}{2} & -\dfrac{\sqrt{3}}{2} \\ \dfrac{\sqrt{3}}{2} & -\dfrac{1}{2} \end{pmatrix} \begin{pmatrix} \dfrac{1}{2} & -\dfrac{\sqrt{3}}{2} \\ \dfrac{\sqrt{3}}{2} & \dfrac{1}{2} \end{pmatrix} = \begin{pmatrix} -1 & 0 \\ 0 & -1 \end{pmatrix} = -E \quad (E \text{ は単位行列})$$

したがって，

$$A^{10} = (A^3)^3 \times A = (-E)^3 \times A = -A = \begin{pmatrix} -\dfrac{1}{2} & \dfrac{\sqrt{3}}{2} \\ -\dfrac{\sqrt{3}}{2} & -\dfrac{1}{2} \end{pmatrix}$$

正答　**1**

ポイント

　行列の n 乗の問題は，平成 23 年度国家 II 種（現国家一般職［大卒］）No.1，平成 25 年度国家総合職 No.1 で出題がありますが，いずれも A^2，A^3，A^4 と計算していって答えを類推する問題でした。本問もまったく同様の流れで，これらの過去問をやっていれば，方針が定まりやすかったでしょう。本問では，「単位行列」を意識することが大切になります。

　なお，本問の行列は，原点を中心として 60° 反時計回りに回転する回転行列です。これに気づけば，本問の答えが
　　$60° \times 10 = 600° = 240°$
の回転行列になることがわかります。これは $60° + 180° = 240°$ なので 60° 回転した後に 180° 回転したことと同じになりますが，180° 回転とは座標を -1 倍することと同じです。結局，60° 回転の行列を -1 倍することになりますが，本問の答えが，与えられた行列の -1 倍になっていることを確かめてください。

第3項が70，第9項から第18項までの和が385である等差数列がある。この数列の初項から第 n 項までの和が最大となる n の値はいくらか。

1 25　　**2** 26　　**3** 27
4 28　　**5** 29

 解説

公差を d，初項を a とすると，一般項は，

$a_n = a + (n-1)d$

となる。

第3項が70なので，

$a_3 = a + 2d = 70$

次に，第9項から第18項までの10項の和が385なので，

$$\frac{a_9 + a_{18}}{2} \times 10 = 5(a + 8d + a + 17d) = 5(2a + 25d) = 385$$

∴　$2a + 25d = 77$

以上を解く。最初の式を2倍して，

$2a + 4d = 140$

これと2つ目の式を辺ごと引き算して，

$21d = -63$

∴　$d = -3$

これを最初の式に代入して，

$a = 70 - 2d = 76$

一般項は，

$a_n = 76 - 3(n-1) = -3n + 79$

正の数を加えれば和は増加し，負の数を加えれば和は減少するため，和が最大となるのは，数列の値が正となる最大の n である。つまり，

$-3n + 79 > 0$

∴　$n < 26.33\cdots$

これより，求める n は26である。

正答　**2**

ポイント

　数列の基本問題です。数列はときどき地方上級で出題がありますが，こうした等差数列，等比数列を中心とした出題は国家一般職［大卒］のみで，また，あまり難しくない問題が多いことから，対策は後に回す人が多いと思います。
　本問も基本的な知識で解くことができますが，最大のポイントが $a_n > 0$ を解けばよい，と気づくことです。ここにさえ気づければ，あとは単純連立方程式の問題です。

2 次方程式 $x^2 - (3a-1)x - a = 0$ の 2 つの解が $\sin\theta$，$\cos\theta$ $(0 \le \theta < 2\pi)$ であるとき，正の定数 a の値はいくらか。

1 $\dfrac{1}{3}$　　**2** $\dfrac{4}{9}$

3 $\dfrac{8}{9}$　　**4** $\dfrac{10}{9}$

5 $\dfrac{4}{3}$

解 説

2 つの解を仮に p，q と置くと，解と係数の関係から，

$$\begin{cases} p + q = 3a - 1 \\ pq = -a \end{cases}$$

ここで，p，q が $\sin\theta$，$\cos\theta$ と表されるためには，$p^2 + q^2 = 1$ が必要である。ここで，

$$p^2 + q^2 = (p+q)^2 - 2pq = (3a-1)^2 + 2a = 9a^2 - 4a + 1 = 1$$

$$\therefore \quad 9a^2 - 4a = (9a - 4)a = 0$$

a は正なので $a = \dfrac{4}{9}$ となる。

なお，このとき与えられた方程式は，

$$x^2 - \frac{1}{3}x - \frac{4}{9} = 0$$

であり，これを解くと，

$$x = \frac{3 \pm \sqrt{153}}{18}$$

となり，実数解を持つ。

正答　**2**

ポイント

解と係数の関係は，工学に関する基礎では近年出題が増えています。たとえば，平成 28 年度国家一般職［大卒］No.1 のほか，平成 28 年度地方上級 No.3 でも出題されています。本問では $\sin\theta$，$\cos\theta$ と表されていますが，要するに解の 2 乗の和が 1 となればよいわけです。

なお，解と係数の関係だけでは，もとの方程式が虚数解を持つ可能性も残ります。そのため，解説では最後に解を確かめましたが，マーク式で a が正と限定されているため，答えが 1 つに決まった時点でそれをマークしてよいでしょう。

確率変数 X の確率密度関数 $f(x)$ が，定数 k を用いて，

$$f(x) = \begin{cases} kx(3-x) & (0 \leq x \leq 3) \\ 0 & (x < 0, \ 3 < x) \end{cases}$$

と表されるとき，k の値はいくらか。

1 $\dfrac{1}{36}$

2 $\dfrac{2}{9}$

3 $\dfrac{1}{2}$

4 $\dfrac{8}{9}$

5 $\dfrac{4}{3}$

解説 ━━━━━━━━━━━━━━━━━━━━━━━━━━━━━

　確率密度関数は，定積分することで，確率変数が積分区間の範囲に入る確率を求めることができる。全確率が1になることより，

$$\int_0^3 kx(3-x)\,dx = 1$$

積分を計算して，

$$k\int_0^3 (3x - x^2)\,dx = k\left[\frac{3}{2}x^2 - \frac{x^3}{3}\right]_0^3 = k\left(\frac{27}{2} - 9\right) = \frac{9}{2}k = 1$$

$$\therefore \quad k = \frac{2}{9}$$

正答 **2**

ポイント

　連続型確率分布は，国家総合職では頻出，地方上級ではときどき出題がありましたが，国家一般職［大卒］での出題は極めてまれで，過去の出題は20年ほど前にさかのぼります。ただし，内容はかなり易しいといえます。ですので，確率密度関数を知っていたかどうかが解けたかどうかの分かれ目です。

　なお，本問の積分は No.4 で出てきた積分公式を使って計算することもできます。

国家一般職 [大卒] No. 9 電気・電子・情報，機械，土木，建築，物理，化学

数学　フローチャート　令和3年度

図は，2つの自然数a，b $(a \geqq b)$の最大公約数を出力する処理を表すフローチャートである。

2つの自然数X，Y $(X \geqq Y)$において，XをYで割ったときの余りをRとすると，XとYの最大公約数は，YとRの最大公約数に等しい。この性質を用いると，次の操作①，②，③を行うことで，XとYの最大公約数を求めることができる。

① XをYで割ったときの余りをRとする。

② $R \neq 0$のとき，Yの値をXに，Rの値をYに代入して①に戻る。$R = 0$のとき，③へ進む。

③ このときのYが最大公約数である。

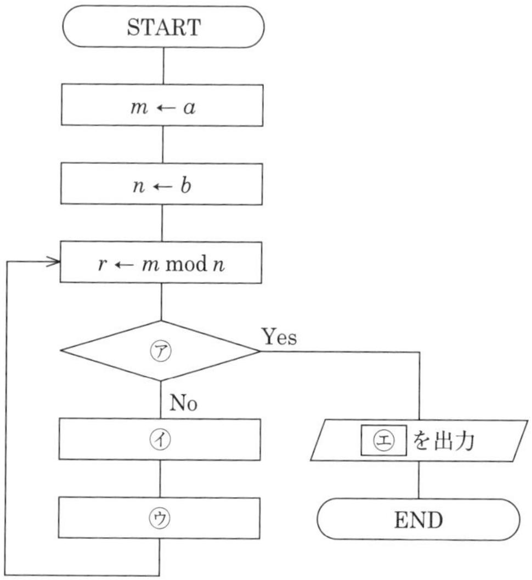

図中の㋐～㋓に当てはまるものの組合せとして最も妥当なのは次のうちではどれか。ただし，$A \bmod B$は，AをBで割ったときの余りを表す。

	㋐	㋑	㋒	㋓
1	$r \neq 0$	$m \leftarrow n$	$n \leftarrow r$	m
2	$r \neq 0$	$m \leftarrow r$	$n \leftarrow m$	n
3	$r = 0$	$m \leftarrow n$	$n \leftarrow r$	n
4	$r = 0$	$m \leftarrow r$	$n \leftarrow m$	m
5	$r = 0$	$m \leftarrow r$	$n \leftarrow m$	n

解説

設問中の①がフローチャート中の $r \leftarrow m \bmod n$ の部分に相当する。したがって，設問中の X がフローチャート中の m，Y が n，R が r に相当するとわかる。

[ア]では，[ア]が No のときに[イ]，[ウ]の処理を行うが，これは本文の②より $R \neq 0$ の場合なので，「$r = 0$」が入る（$r = 0$ に No となるときに[イ]，[ウ]を行う）。

次に，[イ]は Y の値を X に代入する部分なので，文字の対応を考えて $m \leftarrow n$ が入る。

[ウ]は R の値を Y に代入する部分なので，文字の対応を考えて $n \leftarrow r$ が入る。

最後に[エ]は設問の③の部分に対応するので，出力するのは n である。

正答　3

ポイント

ユークリッドの互除法を利用した問題です。設問のヒントが丁寧で，文字の対応関係を考えれば正答が出てきますが，[ア]だけは，設問の指示どおりの式ではなく，フローチャートの Yes，No との対応を考える必要があります。

なお，設問のヒントを使わなくても，a，b に適当な数値を代入して，選択肢の5つの場合を実行すれば，容易に正答を導くことができます。

質量 $2m$ の一様な剛体棒 P と，長さおよび断面形状が P とそれぞれ同じで，質量 m の一様な剛体棒 Q を隙間なく接合した剛体棒 R がある。図のように，R の両端を，水平な天井の 2 点から軽いばね A，B が鉛直になるようにつるしたところ，A，B は同じ長さとなった。A，B の自然長が等しいとき，A，B のばね定数 k_A，k_B の比として最も妥当なのはどれか。

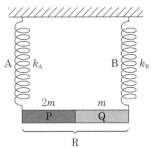

	k_A	:	k_B
1	2	:	1
2	3	:	2
3	5	:	3
4	7	:	5
5	9	:	7

解説 ━━━

2つのばねの伸びを x, P および Q の長さをともに $2l$ とする（したがって R 全体の長さは $4l$ となる）。また，重力加速度を g とする。このとき R に働く力を図示すると，下のようになる。

鉛直方向の力のつりあいより，

$$k_A x + k_B x = 2mg + mg = 3mg$$

R の左端まわりのモーメントのつりあいより，

$$k_B x \times 4l = 2mg \times l + mg \times 3l = 5mgl$$

$$\therefore \quad k_B x = \frac{5}{4}mg, \qquad k_A x = \frac{7}{4}mg$$

これより，

$$k_A : k_B = \frac{7}{4}mg : \frac{5}{4}mg = 7 : 5$$

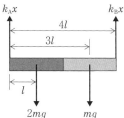

正答 **4**

ポイント

力のつりあい，モーメントのつりあいの問題です。与えられていない長さなどの条件を文字を使って，力や長さを図示することが大切です。これができれば解くことは難しくありません。

なお，土木職，建築職，機械職の人は，R を単純梁，2つのばねを支点反力とみて，梁の支点反力を求める場合と同じように計算することができます。この場合，重ね合わせの原理や天秤のつりあいなどを使うことができます。

251

図のように，体積が等しくそれぞれ均質な2つの球A，Bをロープでつないで水に入れたところ，Aの体積のちょうど半分が水面から上に出た状態で，ロープがたるまずに浮かんだ。この状態から，ロープを静かに切ったところ，Bは下降し始めた。水の密度がρ，Aの密度が$\frac{1}{4}\rho$であるとき，Bの密度ρ_Bとロープを切った瞬間のBの加速度の大きさα_Bの組合せとして最も妥当なのはどれか。

ただし，重力加速度の大きさをgとし，空気による浮力，ロープの質量と体積は無視できるものとする。

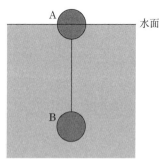

A

水面

B

	ρ_B	α_B
1	$\frac{5}{4}\rho$	$\frac{1}{5}g$
2	$\frac{5}{4}\rho$	$\frac{1}{4}g$
3	$\frac{7}{4}\rho$	$\frac{1}{4}g$
4	$\frac{7}{4}\rho$	$\frac{3}{7}g$
5	$\frac{7}{4}\rho$	$\frac{3}{4}g$

解説

A，Bの体積をVとする。ロープを切る前には，A，ロープ，Bを全体で1つとしてみれば，A，Bの重力と浮力がつりあう(左次図)。水面下にあるA，Bの体積の合計は，Aの半分が沈んでいることから$\frac{V}{2}+V=\frac{3}{2}V$となる。したがって，アルキメデスの原理より，浮力が$\frac{3}{2}\rho gV$となることから，

$$\frac{1}{4}\rho gV + \rho_B gV = \frac{3}{2}\rho gV$$

$$\therefore \quad \rho_B = \frac{5}{4}\rho$$

次にロープを切った後について，Bについての運動方程式を立てる。Bの質量は

$$\rho_B V = \frac{5}{4}\rho V$$

であることに気をつけて（右下図），

$$\frac{5}{4}\rho V\alpha_B = \frac{5}{4}\rho gV - \rho gV = \frac{1}{4}\rho gV$$

$$\therefore \quad \alpha_B = \frac{1}{5}g$$

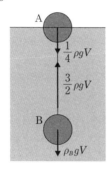
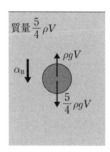

正答 1

253

図のように，斜面，水平面，半径 R の半円筒面が滑らかに接続されており，半円筒面の上端に点Aをとる。水平面からの高さが $h\left(h > \dfrac{5}{2}R\right)$ である斜面上の点Pから，質量 m の小球を静かに滑らせた。半円筒面の中心軸と鉛直面との交点をOとし，$\angle AOQ = \theta\,(0 \le \theta \le \pi)$ となる半円筒面上の点Qに小球があるとき，小球の速さと小球が半円筒面から受ける垂直抗力の大きさの組合せとして最も妥当なのはどれか。

　ただし，重力加速度の大きさを g とし，A, O, P, Q は同一鉛直面上にあるものとする。また，小球と斜面，水平面，半円筒面の間の摩擦はないものとする。

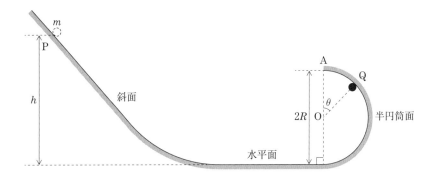

	小球の速さ	垂直抗力の大きさ
1	$\sqrt{2g(h - R + R\cos\theta)}$	$mg\left(\dfrac{2h}{R} - 2 - \cos\theta\right)$
2	$\sqrt{2g(h - R + R\cos\theta)}$	$mg\left(\dfrac{2h}{R} - 2 - 3\cos\theta\right)$
3	$\sqrt{2g(h - R - R\cos\theta)}$	$mg\left(\dfrac{2h}{R} - 2 + 3\cos\theta\right)$
4	$\sqrt{2g(h - R - R\cos\theta)}$	$mg\left(\dfrac{2h}{R} - 2 - \cos\theta\right)$
5	$\sqrt{2g(h - R - R\cos\theta)}$	$mg\left(\dfrac{2h}{R} - 2 - 3\cos\theta\right)$

求める小球の速さを v として，PQ 間でエネルギー保存則を使う。

$$mgh = \frac{1}{2}mv^2 + mg(R + R\cos\theta)$$

$$\therefore \quad v = \sqrt{2g(h - R - R\cos\theta)}$$

次に，Q において，遠心力 $m\dfrac{v^2}{R}$ を中心から離れる方向に加えたときの半径方向の力のつりあいを考える。求める半円筒面からの垂直抗力を N と置くと，

$$N + mg\cos\theta = m\frac{v^2}{R} = \frac{2mg(h - R - R\cos\theta)}{R}$$

$$\therefore \quad N = \frac{mg(2h - 2R - 3R\cos\theta)}{R} = mg\left(\frac{2h}{R} - 2 - 3\cos\theta\right)$$

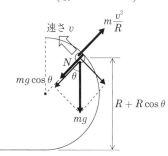

正答 **5**

ポイント

　非等速円運動の問題は，公務員試験では頻出ですが，国家一般職［大卒］や地方上級では最下点，最高点を考えることが多く，本問のようにループの途中を考える問題はほとんど見られません。類題は，令和2年度国家総合職 No.11 にありますが，過去問と比べると難しい問題といえます。

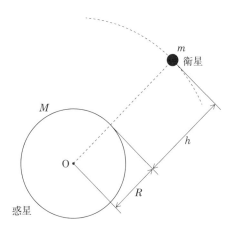

図のように，質量 m の衛星が，半径 R，質量 M の球形の惑星の周りを，惑星の地表面から高さ h で等速円運動している。惑星の地表面における重力加速度の大きさを g とするとき，この等速円運動の周期として最も妥当なのはどれか。

ただし，衛星の大きさ，惑星の自転および公転の影響，他の天体の影響は無視できるものとし，惑星の密度は一様で全質量が中心 O に集中しているとみなせるものとする。

なお，質量が m_1，m_2 の物体が距離 r 離れているとき，2物体間に働く万有引力の大きさ F は，

$$F = \frac{Gm_1m_2}{r^2} \quad (G \text{ は万有引力定数})$$

である。

1 $2\pi\sqrt{\dfrac{R}{g}}$

2 $2\pi\sqrt{\dfrac{h}{g}}$

3 $2\pi\sqrt{\dfrac{R+h}{g}}$

4 $2\pi\sqrt{\dfrac{(R+h)^3}{gR^2}}$

5 $2\pi\sqrt{\dfrac{(R+h)^3}{gh^2}}$

衛星が地表面にいるときに働く万有引力は，重力加速度の定義よりmgと表されるので，

$$\frac{GMm}{R^2} = mg$$

$$\therefore \quad GM = gR^2$$

次に，衛星が等速円運動をしているとき，角速度をωとして遠心力を加えた力のつりあいを立てると，

$$m(R+h)\omega^2 = \frac{GmM}{(R+h)^2} = \frac{mgR^2}{(R+h)^2}$$

$$\therefore \quad \omega = \sqrt{\frac{gR^2}{(R+h)^3}}$$

したがって，求める周期をTとすると，

$$T = \frac{2\pi}{\omega} = 2\pi\sqrt{\frac{(R+h)^3}{gR^2}}$$

正答 **4**

ポイント

　万有引力を題材とした問題で，前問と連続して円運動の問題です。本問では，万有引力定数の代わりに重力加速度を使う必要があるため，地表の重力を考える必要があります。なお，万有引力の公式から，万有引力は中心からの距離の2乗に反比例すると読み込んで，

$$F : mg = \frac{1}{(R+h)^2} : \frac{1}{R^2}$$

と式を立てる方法もあります。

　なお，類題が平成27年度国家一般職［大卒］No.12にあります。これを解いていれば，本問も解きやすかったと思われます。

　本問の結果から，周期の2乗が軌道半径の3乗と比例しますが，これはケプラーの第3法則の一つの表れです。

国家一般職［大卒］ No. 14 電気・電子・情報，機械，土木，建築，化学

物理 電磁波 令和3年度

電磁波に関する次の記述の㋐，㋑，㋒に当てはまるものの組合せとして最も妥当なのはどれか。

「[㋐]は，テレビやエアコンなどのリモコンや光ファイバー通信に利用される。また，[㋑]は，可視光より波長が短く，生物の細胞にダメージを与える作用を持つので，殺菌などに利用される。一方，[㋒]は，[㋐]より波長が長く，GPS（全地球測位システム）や衛星放送などに利用される」

	㋐	㋑	㋒
1	紫外線	赤外線	マイクロ波
2	紫外線	マイクロ波	赤外線
3	赤外線	紫外線	マイクロ波
4	赤外線	マイクロ波	紫外線
5	マイクロ波	紫外線	赤外線

解説

赤外線，紫外線，マイクロ波の波長の大小関係は，

紫外線＜赤外線＜マイクロ波

となっている。また，設問から，

㋑＜㋐＜㋒

とわかるので，㋐は赤外線，㋑は紫外線，㋒はマイクロ波である。

正答 3

ポイント

電磁波についての単純な知識問題で，知っているかだけが問われています。過去の工学に関する基礎ではこうした問題の出題はなかったので，公務員試験対策としては，教養試験の物理で用意できたかどうかです。

とはいえ，教養試験対策でオゾンホールについて勉強していたり，土木系であれば上水道の紫外線殺菌について学んでいれば，㋑が紫外線であることは容易に理解できます。残り2つのどちらか片方でも知っていれば，1つに選択肢を絞ることができます。

図のように, 質量 m の小球を, 長さ L の糸に取り付けて天井からつるし, 糸がたるまないようにしながら, 鉛直線と角 θ をなす状態で支えている。いま, 小球を静かに放すと, 小球は周期 T で振動した。この単振り子の周期を $\dfrac{T}{2}$ にするために条件を 1 つだけ変更するとき, 変更する条件とその内容として最も妥当なのはどれか。

ただし, θ は十分に小さいものとする。

1 糸の長さを $\dfrac{L}{4}$ とする。

2 糸の長さを $\dfrac{L}{2}$ とする。

3 小球を支えているときの糸と鉛直線のなす角を $\dfrac{\theta}{2}$ とする。

4 小球の質量を $2m$ とする。

5 小球の質量を $4m$ とする。

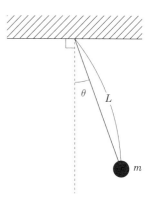

解説

与えられた振り子の条件を変更する前の周期は,

$$T = 2\pi \sqrt{\dfrac{L}{g}}$$

である。したがって, 周期を半分にするためには, L を $\dfrac{1}{4}$ 倍の $\dfrac{L}{4}$ にすればよい。

正答 **1**

ポイント

単振り子の公式を知っていますか, という問題です。振り子の周期には振幅 θ や小球の質量 m は関係ありません。

図のように, 長さ 1.36 m の両端が開いた管の一方の開口端付近にスピーカーを置く。スピーカーから出す音の振動数を 0 Hz から次第に大きくするとき, 3 回目の共鳴が起こるときの音の振動数として最も妥当なのはどれか。

ただし, 音速を 340 m/s とし, 開口端補正は無視できるものとする。

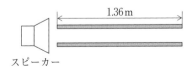

1.36 m

スピーカー

1　125 Hz
2　250 Hz
3　375 Hz
4　500 Hz
5　750 Hz

解 説 ━━━━━━━━━━━━━━━━━━━━━━━━━━━━━━━━━━━━━

両端が開いた管なので，共鳴するときの波の様子を図示すると，両端が腹となる。このようなもののうち，振動数が小さい，つまり波長の大きいものから描き並べると下の図のようになる。設問の3回目の共鳴の図の波長を λ とすると，これは図の太線の長さになるので，

$$\lambda = 1.36 \times \frac{2}{3}$$

したがって，音速 c が 340 m/s なので，求める振動数を f とすると，

$$f = \frac{c}{\lambda} = \frac{340}{1.36 \times \dfrac{2}{3}} = 375\,\mathrm{Hz}$$

最初の共鳴　　　　　　2回目の共鳴　　　　　3回目の共鳴

正答 3

ポイント

　共鳴したときの波の図を描くことができたかどうかが大きなポイントでした。そこから波長を求めれば，周波数を計算することは容易です。

　とはいえ，管の固有振動の出題が珍しく，類題がほとんどないため，用意することも難しかったのではないかと思います。音波の問題としては，平成26年度国家一般職［大卒］No.16 が挙げられます。このときは一端が閉じていましたが，やはり波を図示することが大切でした。

空気中に, 体積が一定で, 空気が自由に出入りできる容器が置かれている。空気の温度が 3℃のとき, 容器内の空気の質量は 3.00g であった。空気の温度を 27℃に上げたとき, 空気が容器から流出することにより容器内の空気の質量が減少した。この減少量はおよそいくらか。

　ただし, 空気は理想気体とみなし, その圧力は変化しないものとする。

1　0.22g

2　0.24g

3　0.26g

4　0.28g

5　0.30g

解　説

　容器の圧力は一定なので, これを P とする。また, 容器の体積を V とする。

　このとき, 気体の絶対温度を T, 物質量を n, 気体定数を R とすると, 状態方程式から

$$PV = nRT$$

となる。左辺の PV は一定なので, 物質量 n と絶対温度 T の積 nT は一定となる。つまり n と T は反比例する。

　ここで, 物質量と質量はどちらも気体の量を表しており比例関係にある。したがって, 質量と絶対温度は反比例の関係にあるので, 温度が上昇したときに容器内の気体の質量を m とすると,

$$m \times (273 + 27) = 3.00 \times (273 + 3)$$

$$\therefore \quad m = \frac{3 \times 276}{300} = 2.76$$

したがって, 減少した質量は,

$$3.00 - 2.76 = 0.24\text{g}$$

正答　**2**

ポイント

　気体の量が, 状態方程式の中の物質量で表されることに気づくことが大切です。そうすれば, あとは状態方程式だけで解決します。

　類題として平成 16 年度国家 II 種（現国家一般職［大卒］）No.12 が挙げられます。

質量 m の2つの小球A，Bが，それぞれ長さ L の絶縁性の糸で天井の一点からつり下げられている。Aに電気量 $q_A(q_A > 0)$ の電荷を，Bに電気量 $q_B(q_B > 0)$ の電荷を与えたところ，図のように，AとBは，それぞれの糸が鉛直線と45°をなして静止した。このとき，q_B として最も妥当なのはどれか。

ただし，クーロンの法則の比例定数を k，重力加速度の大きさを g とする。

1 $\dfrac{\sqrt{2}Lmg}{kq_A}$

2 $\dfrac{L^2mg}{2kq_A}$

3 $\dfrac{2L^2mg}{kq_A}$

4 $\dfrac{\sqrt{2}Lmg}{k}$

5 $\dfrac{2L^2mg}{k}$

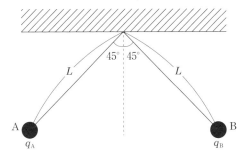

解説

AB間の距離は $\sqrt{2}L$ なので，クーロンの法則より，A，Bに働くクーロン力の大きさ F は，

$$F = \frac{kq_Aq_B}{(\sqrt{2}L)^2}$$

である。

これより，Aに働く力のつりあい式を考えると，糸の張力を T として，

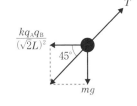

$$\frac{T}{\sqrt{2}} = \frac{kq_Aq_B}{(\sqrt{2}L)^2} = mg$$

$$\therefore \quad q_B = \frac{2L^2mg}{kq_A}$$

正答　**3**

ポイント

平成25年国家一般職［大卒］No.20が類題です。A，Bともに静止しているのですから，力がつりあっているはずです。この問題は，この「力のつりあい」が主役の問題で，力の一つにクーロン力が入ってくるだけです。電気を専門としていない人も，まずは落ち着いて力学的に問題を考えることが大切です。

図のように，3つのコンデンサを直流電源に接続した。十分に時間が経過した後，コンデンサ C_1 の両端の電位差が10Vであったとき，コンデンサ C_1 に蓄えられている電気量はおよそいくらか。

　ただし，いずれのコンデンサにも初め電荷が蓄えられていなかったものとする。

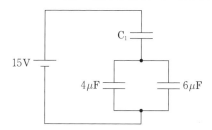

1 1.2×10^{-5}C

2 2×10^{-5}C

3 2.4×10^{-5}C

4 3×10^{-5}C

5 5×10^{-5}C

　4μF のコンデンサと 6μF のコンデンサは並列合成して $10 (= 4 + 6)\mu$F の 1 つのコンデンサとみる。すると回路図は下のようになる。

　このとき，キルヒホッフの法則より，10μF のコンデンサに加わる電圧は $15 - 10 = 5$V であり，10μF のコンデンサに蓄えられる電気量 Q_2 は，コンデンサの公式（$Q = CV$，C は静電容量）より，

　　$Q_2 = 10 \times 10^{-6} \times 5 = 5 \times 10^{-5}$C

となる。直列につながれた C_1 と 10μF のコンデンサに蓄えられる電気量の大きさは電荷保存則から等しいので（$Q_1 = Q_2$），求める電気量も $5 \times 10^{-5}C$ である。

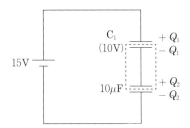

正答　**5**

ポイント

　本格的なコンデンサ回路の出題は珍しく，用意していた人はほとんどいなかったのではないでしょうか。そのため，解けた人も少なかったのではないかと思います。

　本問のポイントは 3 つで，1 つ目はコンデンサを並列合成できたか，2 つ目はキルヒホッフの法則から 10μC のコンデンサの電圧が求まったか，3 つ目は C_1 と並列合成したコンデンサの電気量が等しいことに気づいたかということです。このうち 3 つ目の電気量が等しいことについては，実戦的には「コンデンサが直列につながれ，初めに電荷が与えられていない場合，電気量が等しくなる」ことを知っていないと解けないと思われるため，解説では電気量についても簡単に記すにとどめました。現実には，最初からこのことを念頭に置いていないと，電圧を求めるという方針も立てられなかったでしょう。そこで，以下でこれについて説明します。

　解説の回路図で，破線で囲まれた部分はほかから孤立しています。そのため，この部分の電気量の総和は常に変わりません（電荷保存則）。つまり，この部分に含まれる $-Q_1 + Q_2$ の値は常に変わらないのです。ところが，もともと電荷は与えられていないのですから，

　　$-Q_1 + Q_2 = 0$

となります。

600Wの電気器具を実効値80Vの交流電圧で使用するとき，流れる電流の実効値はおよそいくらか。

ただし，この電気器具は，実効値80Vで使用するために作られているものとする。

1 4.3A **2** 5.3A

3 6.0A **4** 7.5A

5 11A

解説

電圧と電流の積が電力となるので，求める電流をIとすると，

$$I = \frac{600}{80} = 7.5\text{A}$$

正答 **4**

ポイント

中学校で出題されても基本問題といわれそうな問題で，このレベルの問題がここで出題されること自体に驚いた人もいたでしょう。そのため，「何かあるのでは」と疑って余計なことについて考えすぎてしまった人もいたかもしれません。しかし，この問題では，電力の公式に代入するだけで正答になります。

おそらく気になるのは「実効値」という言葉でしょう。電力には「瞬時値」と「平均値」があります。交流電源を使う場合，電圧も電流も時々刻々と変化しますので，電力も変化します。この変化する電力の値が「瞬時値」です。しかし，実際に気になるのは，平均的な消費電力です。もし，交流電圧の最大値をV，交流電流の最大値をIとすると，この電力の平均値Pは

$$P = \frac{1}{2}VI$$

となります（電流と電圧の位相のずれはないものとする）。この$\frac{1}{2}$の係数は面倒ですので，

$$P = \frac{V}{\sqrt{2}} \cdot \frac{I}{\sqrt{2}} = V_e I_e$$

とすると，係数をなしにした，直流と同じ掛け算だけで電力が計算できます。この$V_e = \frac{V}{\sqrt{2}}$，$I_e = \frac{I}{\sqrt{2}}$が実効値です。本問でも与えられている電圧，求める電流は実効値ですので，これを掛け算すれば平均的な消費電力となります。通常の電気器具は使用する電圧における平均的な電力を表示しますので，これが600Wになります。

令和3年度

地方上級

●出題内訳表

2次方程式 $x^2 - 52x + 102 = 0$ の解を $x = \alpha,\ \beta$ とするとき $\dfrac{1}{\alpha - 2} + \dfrac{1}{\beta - 2}$ の値はどれか。

1　$\dfrac{4}{37}$

2　$\dfrac{8}{37}$

3　8

4　12

5　24

解 説 ━━━━━━━━━━━━━━━━━━━━━━━━━━━━━━━━━━

解法1：解と係数の関係を考える

解と係数の関係より，

$$\begin{cases} \alpha + \beta = 52 \\ \alpha\beta = 102 \end{cases}$$

ここで，

$$\frac{1}{\alpha - 2} + \frac{1}{\beta - 2} = \frac{\beta - 2 + \alpha - 2}{(\alpha - 2)(\beta - 2)} = \frac{\alpha + \beta - 4}{\alpha\beta - 2(\alpha + \beta) + 4}$$

$$= \frac{52 - 4}{102 - 2\cdot 52 + 4} = \frac{48}{2} = 24$$

解法2：方程式を変換する

$$y = \frac{1}{x - 2}$$

と置く。このとき，

$$x = \frac{1}{y} + 2$$

となる。これを与えられた方程式に代入して，

$$\left(\frac{1}{y} + 2\right)^2 - 52\left(\frac{1}{y} + 2\right) + 102 = \frac{1}{y^2} - \frac{48}{y} + 2 = 0$$

$$\therefore \quad y^2 - 24y + \frac{1}{2} = 0$$

この2解を p, q とすると，解と係数の関係から $p + q = 24$ であり，

$$\frac{1}{\alpha - 2} + \frac{1}{\beta - 2} = p + q = 24$$

正答 **5**

ポイント

　解と係数の関係は国家総合職，国家一般職［大卒］，地方上級とどこでもよく出題されています。この問題でも通分すれば，解と係数の関係がそのまま代入できる形となります。

数列に関する次の文章中の㋐，㋑に当てはまるのはどれか。

「漸化式 $a_1=1$，$a_{n+1}=3a_n+1$ の一般項を求める。この漸化式は，

$$a_{n+1}+\boxed{\text{㋐}}=3(a_n+\boxed{\text{㋐}})$$

と変形できることから，

$$a_n=\boxed{\text{㋑}}$$

と一般項を求めることができる」

	㋐	㋑
1	$\frac{1}{2}$	$\frac{3^n-1}{2}$
2	$\frac{1}{2}$	$3^{n-1}+(n-1)^2$
3	$\frac{3}{2}$	$\frac{3^n-1}{2}$
4	$\frac{3}{2}$	$3^{n-1}+(n-1)^2$
5	$\frac{5}{2}$	$\frac{3^n-1}{2}$

解説

漸化式 $a_{n+1}=3a_n+1$ において，$a_{n+1}=a_n=\alpha$ を代入した $\alpha=3\alpha+1$ を考え，漸化式からこの式を辺ごと引き算すると，

$$a_{n+1}-\alpha=3(a_n-\alpha)$$

となる。ここで α を求めると，

$$-2\alpha=1$$

$$\therefore\quad \alpha=-\frac{1}{2}$$

したがって，

$$a_{n+1}+\frac{1}{2}=3\left(a_n+\frac{1}{2}\right)$$

したがって，[ア]には $\frac{1}{2}$ が入る。

次に，新たに数列 b_n を $b_n=a_n+\frac{1}{2}$ で定義すると，

$$b_{n+1}=3b_n$$

となるが，これは公比3の等比数列なので，

$$b_n=A\cdot 3^n=a_n+\frac{1}{2}$$

と置ける（A は定数）。

ここで $a_1=1$ なので，

$$3A=1+\frac{1}{2}=\frac{3}{2}$$

$$\therefore\quad A=\frac{1}{2}$$

これより，

$$a_n=b_n-\frac{1}{2}=\frac{3^n}{2}-\frac{1}{2}=\frac{3^n-1}{2}$$

正答 1

ポイント

漸化式を解く問題は珍しいといえます。もちろん選択肢を利用することもできて，$n=4$ まで計算すれば，一般項が $\frac{3^n-1}{2}$ だとわかります。

一般に，漸化式 $a_{n+1}=ra_n+q$（r，q は定数で，$r\neq1$）は本問と同じ方法で解くことができますが，単純に，

$$a_n=Ar^n+B\quad（A,\ B は定数）$$

の形になることを覚えてしまう方法も有力です（これ以降は a_1，a_2 の値を代入して定数を決める）。

定積分に関する次の文章中の㋐, ㋑, ㋒に当てはまるのはどれか。

「定積分 $\displaystyle\int_1^2 \log x \, dx$ を計算したい。

$$\log x = 1 \cdot \log x = (x)' \log x$$

と表されることから部分積分をすることができて,

$$\int \log x \, dx = \boxed{\quad ㋐ \quad} - \int \boxed{\quad ㋑ \quad} dx$$

となる。これから,

$$\int_1^2 \log x = \boxed{\quad ㋒ \quad}$$

となる」

	㋐	㋑	㋒
1	$x \log x$	1	$2\log 2 - 1$
2	$x \log x$	x	$2\log 2 - \dfrac{3}{2}$
3	$\dfrac{x^2}{2}\log x$	1	$2\log 2 - 1$
4	$\dfrac{x^2}{2}\log x$	1	$2\log 2 - 2$
5	$\dfrac{x^2}{2}\log x$	x	$2\log 2 - \dfrac{3}{2}$

解説

部分積分の公式は，

$$\int f'(x)g(x)dx = f(x)g(x) - \int f(x)g'(x)dx$$

である。ここでは $f'(x)=1$，つまり $f(x)=x$，$g(x)=\log x$ となるので，

$$\int \log x dx = x\log x - \int x \times \frac{1}{x}dx = x\log x - \int 1 \cdot dx$$

となる。したがって，㋐には $x\log x$，㋑には 1 が入る。

したがって，

$$\int_1^2 \log x dx = [x\log x]_1^2 - \int_1^2 dx = 2\log 2 - 1$$

正答 1

ポイント

丁寧な誘導まで付いていますが，仮に誘導がなかったとしても計算できるようにしたいところです。

地方上級では，毎年のように積分の計算問題が出題されていますが，難易度は年によって大きく変化します。この年はかなり易しい出題になりました。確実に正答できるようにしましょう。

図は，互いに距離が R で等しい3点 A，B，C（$\overline{AB} = \overline{BC} = \overline{CA} = R$）を中心に3つの半径 R の円を描いたものである。色の付いた部分の面積を求めよ。

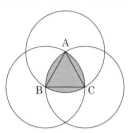

1 $\dfrac{2\pi - \sqrt{3}}{4}R^2$

2 $\dfrac{\pi - \sqrt{3}}{4}R^2$

3 $\dfrac{2\pi - \sqrt{3}}{2}R^2$

4 $\dfrac{\pi - \sqrt{3}}{2}R^2$

5 $\dfrac{2\pi - \sqrt{3}}{3}R^2$

　左下図の色の付いた弦と弧に囲まれた部分の面積を求める。これは半径 R，中心角 $60°$ の扇形から1辺の長さが R の正三角形の面積を引けばよいので，

$$\frac{1}{6} \times \pi R^2 - \frac{1}{2} \cdot R \cdot \frac{\sqrt{3}}{2} R = \frac{2\pi - 3\sqrt{3}}{12} R^2$$

　求める面積は，この弦3つ分に，正三角形の面積を加えればよいので，

$$\left(\frac{2\pi - 3\sqrt{3}}{12} R^2 \right) \times 3 + \frac{\sqrt{3}}{4} R^2 = \frac{\pi - \sqrt{3}}{2} R^2$$

　なお，右下図の網掛け部分が求める面積と等しいと考えると，半円から平行四辺形（高さ $\frac{\sqrt{2}}{3} R$，または正三角形2つと考えてもよい）を引いて，

$$\frac{\pi R^2}{2} - \frac{\sqrt{3}}{2} R^2$$

と直接求めることができる。

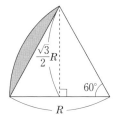
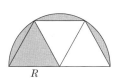

正答 **4**

　易しい図形の問題で，教養試験レベルの問題ということができます。1辺の長さが a の正三角形の面積が $\frac{\sqrt{3}}{4} a^2$ になることは覚えておくと便利です。

図のフローチャートは，N以下の素数をすべて出力するもので，

 N = 16 なら，2，3，5，7，11，13

 N = 17 なら，2，3，5，7，11，13，17

を出力する。

 そのためには，N以下の整数MとIについて，Iを1からMまで順次増やしながら，MがIで割り切れるかを調べればよいが，実際には $1 \le I \le \sqrt{M}$ まで調べれば十分である。

 このフローチャートの㋐，㋑，㋒に当てはまるものとして正しいのはどれか。

 ただし $x\%y$ は x を y で割った余りを出力する。

	㋐	㋑	㋒
1	Yes	No	M < N
2	Yes	No	M = N
3	Yes	No	M > N
4	No	Yes	M = N
5	No	Yes	M > N

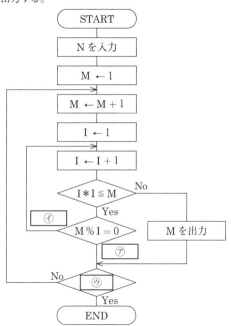

解説

㋐，㋑について：

設問にもあるとおり，$\sqrt{M}$ 以下の整数の 1 つでも M を割ることができれば，M は素数ではないと判断できる。つまり，割り算を繰り返すループから外れて次の M の値を調べることになる。

M%I = 0，つまり M を I で割った余りが 0 ならば，割ることができるとわかるので，㋐には Yes が，㋑には No が入る。

㋒について：

㋒で Yes となればフローチャートは終了する。つまり，その直前まで最後の M の値について調べていたことになるが，調べる最後の M は N そのものである（設問にある N = 17 の例でも，17 について調べている）。

よって，㋒に入るのは M = N である。

正答　2

ポイント

例年どおり，フローチャートの空欄補充の問題が出題されています。設問のヒントも丁寧で難しくありません。

フローチャートに慣れていない場合，実際の値で実行してみることもできます。たとえば，M = 3，4 あたりで実行してみるとよいでしょう。㋐，㋑が逆だと素数ではない数を出力することになりますし，㋒が誤っていると，不適切なところで終わることになります。

2 つの 2 進数の和 $(01101101)_2 + (00101011)_2$ の和を 16 進数で表したのはどれか。

ただし，$()_n$ は n 進数で数が表されていることを意味する。

1 $(87)_{16}$

2 $(88)_{16}$

3 $(89)_{16}$

4 $(98)_{16}$

5 $(99)_{16}$

2進数は下のほうから $1(=2^0)$ の位, $2(=2^1)$ の位, $4(=2^2)$ の位, $8(=2^3)$ の位 ⋯ と位が上がっていく。これより, 出てきた数を10進数に直すと,

$(01101101)_2 = 64 + 32 + 8 + 4 + 1 = 109$

$(00101011)_2 = 32 + 8 + 2 + 1 = 43$

この和は $109 + 43 = 152$ となる。ここで,

$152 \div 16 = 9 \cdots 8$

となるので $152 = (98)_{16}$ である。

正答 **4**

ポイント

2進数, 8進数, 16進数などの計算は過去の地方上級でも出題されています。教養試験でも用意をしていたかもしれませんが, 過去問の傾向どおりです。

なお, 慣れた人は, 2進数のまま計算して, その後に16進数に直すこともできます。2進数では $(1)_2 + (1)_2 = (10)_2$ になることに注意すれば,

$(01101101)_2 + (00101011)_2 = (10011000)_2$

となります。$16 = 2^4$ なので, 2進数を4桁ずつ区切って1001, 1000と見れば16進数の1つの桁に対応する数字となるため,

$(10011000)_2 = (98)_{16}$

となります（本問では4桁ずつ区切った数が10進数の10未満なので, 2進数を10進数に直す場合と同じ要領で計算すればよいでしょう）。

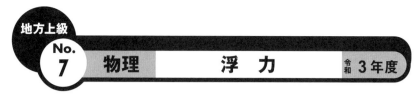

地方上級

No. 7 物理 浮　力 令和3年度

浮力に関する次の記述の㋐，㋑のうち，**㋑に当てはまる**のはどれか。

「水平な床の上に密度ρの液体が入っている。天井から質量m，体積vのおもりを糸でつり下げたところおもりはすべて液体の中に入ってつりあった。容器と液体の質量の和をMとするとき，糸の張力は［㋐］なので，床が容器から受ける垂直抗力の大きさは［㋑］となる。

ただし，重力加速度をgとする」

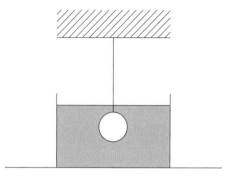

1 Mg
2 $(M-\rho v)g$
3 $(M+\rho v)g$
4 $(M+m)g$
5 $(M-m+\rho v)g$

解説

おもりについての力のつりあいを考える。糸の張力を T とすると，おもりには上向きの張力と浮力，加えて下向きの重力が加わってつりあっているので，

$$T + \rho g v = mg$$

$$\therefore \quad T = (m - \rho v) g$$

これが[ア]に入る。

次に，おもりと液体を含めた容器全体についての力のつりあいを考える。下向きの重力に対し，上向きの張力と垂直抗力 N がつりあうので（下図），

$$T + N = (M + m) g$$

$$\therefore \quad N = (M + m) g - T = (M + \rho v) g$$

これが[イ]に入る。

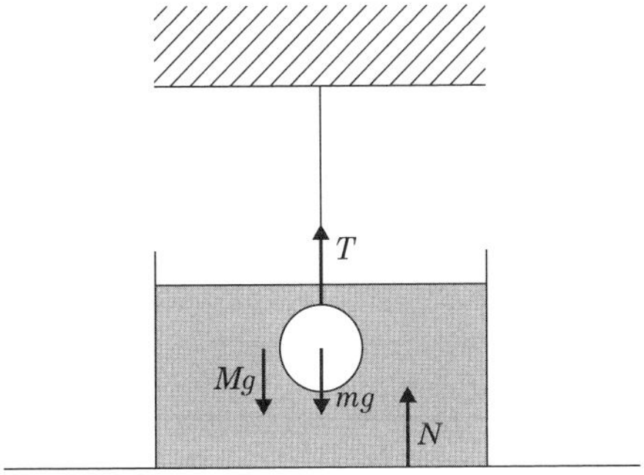

正答　3

ポイント

浮力を題材とした力のつりあいですが，かなり難しく感じた人も多かったでしょう。

ポイントは，つりあいを考える場合に，「何について力を立てるのか」を明確にすることです。解説後半で，容器とおもりを一体として力のつりあいを立てています。ここで浮力が出てこないのは，浮力が液体とおもりの間に働く「内力」だからです。

もちろん，おもりを除いた，容器と液体について注目してもよいでしょう。この場合には，加わる力は，浮力の反力（鉛直下向き）と，重力と垂直抗力です。このとき，

$$N = \rho g v + Mg$$

と直接求めることができますが，浮力の反力を忘れてはいけません。

地方上級 No. 8

物理　力学的エネルギーの保存　令和3年度

力学的エネルギーの保存に関する次の記述の㋐，㋑，㋒，㋓のうち，**㋑，㋒，㋓に当てはまる**のはどれか。

「天井から鉛直につり下げられたばね定数 k のばねの先端に質量 m の小球を取り付け，ばねの長さが自然長となるように小球を支えた。この位置を0として，ここから鉛直した方向に小球の位置を表す。位置が0のときと，静かに支えを放した後，位置 x になったときの小球の速さを v として，小球の持つ位置エネルギーと運動エネルギー，ばねが持つエネルギーを求めると下の表のようになる。

位置	ばねの弾性エネルギー	小球の位置エネルギー	小球の運動エネルギー
0	0	0	0
x	㋐	㋑	㋒

この表から，おもりが最も下がったときの位置は $x=$ ㋓ とわかる。
ただし，重力加速度を g とする」

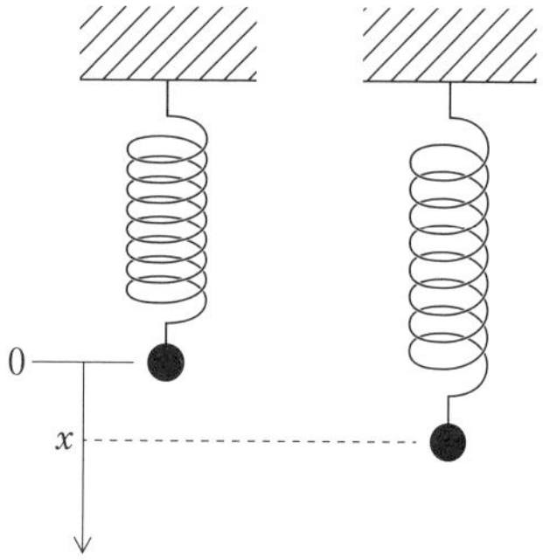

	㋑	㋒	㋓
1	$-mgx$	$\frac{1}{2}mv^2$	$\frac{mg}{k}$
2	$-mgx$	$\frac{1}{2}mv^2$	$\frac{2mg}{k}$
3	mgx	$\frac{1}{2}mv^2$	$\frac{mg}{k}$
4	mgx	$\frac{1}{2}mv^2$	$\frac{2mg}{k}$
5	mgx	$\frac{3}{2}mv^2$	$\frac{mg}{k}$

解説 ━━━━━━━━━━━━━━━━━━━━━━━━━━━━━━━━

ばねの弾性エネルギーは $\frac{1}{2}kx^2$ であり，これが㋐に入る。次に，小球の位置エネルギーは，鉛直下向きに移動すると小さくなるので，㋑には $-mgx$ が入る。㋒は小球の運動エネルギーの $\frac{1}{2}mv^2$ が入る。

おもりが最も下がったときには $v = 0$ なので，力学的エネルギー保存則より，

$$0 = \frac{1}{2}kx^2 - mgx$$

$$\therefore \quad x = \frac{2mg}{k}$$

これが㋓に入る。

正答 **2**

ポイント

出題の形式は珍しいのですが，内容は難しくありません。なお，㋓は，問題の振り子が，つりあい位置を中心に単振動することを踏まえると，つりあい位置が $mg = kx$ より $x = \frac{mg}{k}$ であり，振動の振幅も $\frac{mg}{k}$ なので，$x = \frac{2mg}{k}$ が最も下がった位置であるとわかります。

図のような共鳴管を使って共鳴の実験を行った。共鳴管の近くで音叉を鳴らし，共鳴管の端から，水だめ容器を使って共鳴管の水位を下げていったところ，$L = 3.3$ cm で初めて共鳴し，次に $L = 12.3$ cm で共鳴した。この音波の波長 λ と周波数 f はいくらか。

　ただし音速を 342 m/s とする。

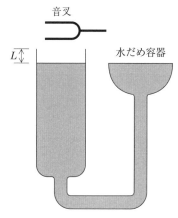

音叉

L

水だめ容器

	λ	f
1	4.5 cm	3800 Hz
2	9.0 cm	950 Hz
3	9.0 cm	1900 Hz
4	18.0 cm	950 Hz
5	18.0 cm	1900 Hz

解説

　共鳴したときに発生した定常波のグラフを図示する（下図）。一端が閉じた管では，開いたほうが腹，閉じたほうが節の定常波になる。これを最初の共鳴の $L = 3.3\,\text{cm}$ と次の $L = 12.3\,\text{cm}$ の場合について図示すると下のようになる。

　その差をとると，定常波の波長を λ として，一番右の図を参考にすると，

$$\frac{\lambda}{2} = 9.0$$

$$\therefore \quad \lambda = 18.0\,\text{cm}$$

次に，音叉の周波数 f，音波の速度 c の間には $c = f\lambda$ の関係があるので，

$$f = \frac{c}{\lambda} = \frac{342}{0.18} = 1900\,\text{Hz}$$

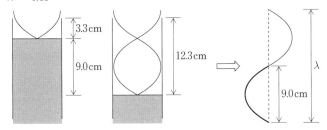

正答 **5**

ポイント

　地方上級では波の問題は毎年のように出題されていますが，管の定常波の問題はここ15年ではありませんでした。ただし，地方上級の1週間前に実施された令和3年度国家一般職［大卒］No.16でほぼ同一の問題が出題されていました。この問題を復習していたかどうかが最大のポイントといえます。

　ポイントは，定常波のグラフを描いて，波の波長を求めることです。練習していれば解きやすい問題といえます。

　なお，本問は2つの定常波の差をとるため，開口端の補正は不要です。逆に，3.3cmを波長の $\frac{1}{4}$ と考えてはいけません。

地方上級 No. 10

物理　気体分子運動論

令和3年度

気体分子運動論に関する次の記述の㋐，㋑に当てはまる式として正しいのはどれか。

「体積 V の中に物質量 n の単原子分子の理想気体を入れたところ，圧力が p となった。このとき気体の圧力とは，分子が壁に衝突するときに与える力によって生じており，微視的な分子の振る舞いについての考察により，圧力は次の式で与えられる。

$$p = \frac{N_A n m \overline{v^2}}{3V}$$

ただし，N_A はアボガドロ数，m は気体分子1つの質量，$\overline{v^2}$ は気体分子の平均2乗速度の大きさを表す。

このとき，気体分子1つの運動エネルギーは [㋐] となるので，気体分子の内部エネルギーは [㋑] と表される」

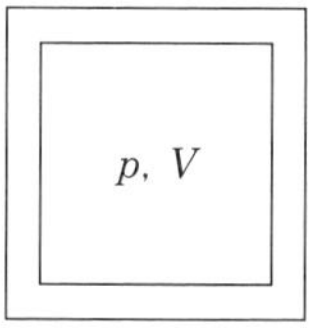

	㋐	㋑
1	$\frac{3pV}{2N_A n}$	$\frac{3pV}{2}$
2	$\frac{3pV}{2N_A n}$	$\frac{3pV}{2N_A}$
3	$\frac{3pV}{2N_A n}$	$\frac{pV}{2N_A}$
4	$\frac{3pV}{N_A n}$	$3pV$
5	$\frac{3pV}{N_A n}$	$\frac{3pV}{N_A}$

解説

気体分子1つの質量が m なので，求める運動エネルギーを K とすると，与えられた式より，

$$K = \frac{1}{2}m\overline{v^2} = \frac{3pV}{2N_A n}$$

となる。これが[ア]に入る。

気体分子の内部エネルギー U は，単原子分子理想気体の場合，すべての気体分子が持つ運動エネルギーの合計と考えてよいこと，物質量が n の分子の分子数は $N_A n$ で与えられる（アボガドロ数は1molの分子数で単位は〔個/mol〕である）ことから，

$$U = N_A nK = \frac{3}{2}pV$$

となる。これが[イ]に入る。

正答 1

ポイント

気体分子運動論の問題は公務員試験では非常に珍しく，平成30年度国家総合職No.14で問われているのみです（この問題は，本問の[ア]と同じものを問うていますが，ヒントの式は与えられていません）。

ただ，本問の場合にはヒントが非常に丁寧で，特に[ア]については，単純に運動エネルギーの式に代入すれば正答が出てきます。問題は[イ]で，アボガドロ数の意味を覚えていたかどうかがポイントになります。

■ 執筆者紹介

丸山 大介（まるやま・だいすけ）

1974年，長野県生まれ。技術系公務員試験受験指導歴23年のカリスマ講師。
自身も国家Ⅰ種1位合格2回（土木職，理工Ⅰで各1回），
日弁連法科大学院適性試験1位（3位，5位もあり），
大学入試センター試験法科大学院適性試験9位などの経歴を持つ。
応用情報処理技術者，電験2種，気象予報士，環境計量士（騒音・振動）。
東京大学工学系研究科社会基盤工学専攻修士課程修了。
主な著書に『めざせ技術系公務員　最優先30テーマの学び方』
『技術系〈最新〉過去問　土木』『技術系　新スーパー過去問ゼミ　土木』
『技術系公務員試験　工学の基礎［数学・物理］攻略問題集新版』（実務教育出版）がある。
ホームページ「丸山の技術系公務員試験のページ」で，日々最新情報を発信中。
http://www.maru-will.com

編集協力　佐藤嘉宏（ZACCOZ）

● 本書の内容に関するお問合せについて

本書の内容に誤りと思われるところがありましたら，まずは小社ブックスサイト（jitsumu.hondana.jp）
中の本書ページ内にある正誤表・訂正表をご確認ください。正誤表・訂正表がない場合や訂正表に該当箇所
が掲載されていない場合は，書名，発行年月日，お客様の名前・連絡先，該当箇所のページ番号と具体的な
誤りの内容・理由等をご記入のうえ，郵便，FAX，メールにてお問合せください。

〒163-8671　東京都新宿区新宿1-1-12　　実務教育出版　第二編集部問合せ窓口
FAX：03-5369-2237　　　E-mail：jitsumu_2hen@jitsumu.co.jp

【ご注意】
※電話でのお問合せは，一切受け付けておりません。
※内容の正誤以外のお問合せ（詳しい解説・受験指導のご要望等）には対応できません。

技術系〈最新〉過去問　工学に関する基礎（数学・物理）（令和3〜5年度）

2024年1月5日　初版第1刷発行　　　　　　　　　　　　　　　　　　〈検印省略〉

編　者　資格試験研究会
発行者　小山隆之

発行所　株式会社 実務教育出版
　　　　〒163-8671　東京都新宿区新宿1-1-12
　　　　☎編集　03-3355-1812　　販売　03-3355-1951
　　　　振替　00160-0-78270

印　刷　精興社
製　本　ブックアート